浅田すぐる

「わかる」から「動ける」まで

言葉の解像度を上げる

プレジデント社

はじめに

「1枚」で仕事の停滞を一掃する

どうしたらいいと思うか、今週中に案をまとめておいて

とある木曜日の午後6時頃。オフィスビルの11階で打ち合わせテーブルの席にいた私に、上司はそう言い放ちました。

その後、海外出張者をアテンドするための会食で、上司は早々に退社。私の方はというと、気づけば深夜残業の時間帯に突入しようとしていました。

「まとめておいて」と言われても、正直、何も浮かんでこない……

自席のパソコンとにらめっこすること数時間……。画面は真っ白なままでした。とはいえ、すでに給料泥棒と言われても仕方がないような状態です。さすがに、深夜残業代が発生する時間帯まで会社にいるわけにもいきません。

帰宅時の電車、そして寮に戻ってシャワーを浴びる等していても、「どうしたらいいと思うか？」の答えは一向に浮かびませんでした。資料に「案をまとめる」ことはできず、ろくに睡眠もとれぬまま夜は明け、とうとう出社時間に……。

「何を考えたらいいい」「どう動いたらいいい」「何もわからない」「何も身動きがとれない」「ただ、時間だけが過ぎていく……」

結局、会議では「すいません、うまくまとめられませんでした」としか言えず、最悪の結末に至ってしまいました。

以上は、社会人になって間もない頃に起きた、私自身の苦い体験談です。

なぜ、こんな話を冒頭で開示したのか。

私は普段、社会人教育の世界で仕事をしています。様々な業界・職種・年次のビジネスパーソンと日々交流させてもらう中で、かつての私と同様のエピソードや、先ほどのフキダシで記載したような本音について見聞きする機会が、何度もありました。

ここまでの話に心当たりがある読者さんも、きっと数多くいるのではないかと思います。もし、そうなのであれば……。

あなたのために、この本を書きました。もう少し具体化して明記すれば、本書の対象読者は次の3パターンのいずれかに該当する方々です。

- 上司からの指示が理解できず、思考停止状態に陥ってしまう人
- 自分なりに解釈して動くことができず、仕事を停滞させてしまいがちな人
- 部下がフリーズしてしまうコミュニケーションを頻繁にやってしまう人

曖昧な言葉がもたらす思考停止、業務の停滞、フリーズ状態、等々。

こうした**仕事にまつわる「わからない、動けない」状態を一掃すること。**

これが、本書を通じてあなたが体感できるビフォーアフターです。


記載の通り、対象読者には**部下の立場**、**上司の立場**の双方を含みます。

部下の側から読めば、上司の抽象的で曖昧な言葉を自分なりに理解し、行動できるレベルに変換するための「上司攻略ノート」として。

一方、**上司の立場で読めば、部下がすぐに理解&行動にまで移せるような仕事の渡し方や伝え方について学べる「部下攻略ノート」**になります（もしくは、管理職としての指示手引書といった捉え方でもOKです）。

部下・上司どちらの読者さんであっても（とりわけ両者を兼ねる中間管理職の読者さんに最も）役立つ内容になっていますので、曖昧なビジネスフレーズが飛び交う社会人生活に少しでも疑問を抱いたことがあるのであれば、これからの本文を楽しみにしていてください。

さて、本書への信頼感を少しでも高めてもらえればという意図で、ここからしばらく自己紹介を挿入しておきます。

先ほども触れましたが、私の仕事は社会人の学習や成長、キャリア支援です。企業研修や講演に登壇したり、自社スクールやオンライン学習コミュニティの運営をしたりしています。12年以上にわたり、のべ1万5000人以上のビジネスパーソンに成長やキャリアアップ、人生の転機となるような学びの機会を提供し続けてきました。

加えて、作家としても本書を含め12冊（文庫化も含めると15冊）の書籍を上梓し、読書を通じた学習支援も行っています。著者累計は57万部超。おかげさまでこの12年間、読者さん&受講者さんから数多くのビフォーアフター体験のメッセージをもらい続けています。

一例を挙げれば、**会社内での昇進・昇格、希望する部署や業務への異動、一大**

プロジェクトへの抜擢、等々。あるいは、転職や独立起業の実現、事業の拡大・継続。さらには夢の出版デビューまで！

なぜ、多くの読者さん＆受講者さんが、思い通りの働き方やキャリア、人生を実現できているのか。

答えは、これから本文で紹介していく**「1枚」フレームワーク®**という手法を駆使しているからです。名前の通り、**「1回数分、1枚書くだけ」**で問題を解決したり、希望をかなえたりすることができます。

これまでに読書法や学習法、資料作成やビジネスコミュニケーションの効果的なやり方等々、様々なテーマを扱ってきましたが、本書のテーマは**「言葉の解像度を上げる」**です。

それも、**「わからない」言葉についてただ「わかるまで」解像度を上げるだけではなく、「動ける（行動できる）まで」「実際に役立てられるまで」解像度を上げていく。**

そうすることで、**仕事の停滞をできるだけ最小化し、コスパ・タイパを最大化して働けるようになろう**というところまでをカバーした本になります。

ここ数年、「解像度」や「言語化」等をキーワードにしたビジネス書が何冊も出版されていますが、大半の類書は「わからない↓わかる」にフォーカスした「思考力」あるいは「コミュニケーション力」のジャンルに属するような本ばかりでした。

一方、本書は**「わからない↓わかる」だけでなく「できる・動ける・活かせる」部分もカバー**していきます。書店のビジネス書コーナーをイメージしてもらうと、「思考力」や「コミュニケーション力」だけでなく、「行動力」「実行力」「すぐやる」といったタイトルの本が並ぶ棚に置いてもらってもOKな内容となるように執筆しました。

ビジネスの世界で日々飛び交っている、よくわからない言葉。
動きたくても何をしたら良いのか不明瞭な、身動きのとれないフレーズ。

こうした表現や言い回しについて、**自分の力で、それもたった「1枚」書くだけで、「わかるまで」「動けるまで」解像度を上げることができる。**

どのような言葉を扱っていくのかについては、次ページの「もくじ」を一通り確認してみてください。一方、どうやって解像度を上げて「わかる&動ける」を達成していくのかについては、もくじの後に始まる序章および第1部で、懇切丁寧にガイドしていきます。

ここまで読んでみて、何かしら響くところがあったのであれば……。後ほど本文で再会しましょう。

「1枚」ワークス・浅田すぐる

CONTENTS

曖昧フレーズ 03

うまくまとめる

「理解=わかる」編

「行動=動ける」編

曖昧フレーズ 06

周知徹底する

曖昧フレーズ

11

もっと集中する

曖昧フレーズ 12

成果を出す

序章

雑な言葉からは、雑な仕事しか生まれない

――「言葉」と「思考」はリンクしている

「はじめに」ならびに「もくじ」の内容を踏まえ、今こうして本文を読み始めてくださって本当にありがとうございます。

改めまして、本書は**「職場で飛び交う曖昧な言葉の解像度を上げられるようになる」**本です。それも、ただ**「理解が深まればＯＫ」**とするのではなく、**「実際に行動できる」**レベルの解像度を目指していきます。

序章として、まずはなぜ、私がこのような本を世に問おうと考えたのか。そのバック・ストーリー、「想い」を少しだけ共有させてください。

私は、サラリーマン時代の大半を、トヨタ自動車株式会社（以下、トヨタと記載）で過ごしました。これから本書で紹介していく「解像度上げの技術」は、トヨタで働いていた時の経験が重要な土台となっています。

屋台骨となっているキーワードは主に２つあって、１つは、この後の第１部「基本」編で詳しく紹介する、**「紙1枚」にまとめる資料作成の文化**。

それともう一つ、**「紙1枚」資料をベースにしながら「上司と交わしていた日々のコミュニケーション」**も重要な要素となっていて、序章ではこの部分にフォーカスを合わせていきます。

特に、入社して最初に配属された部署の上司は、**「言葉の取り扱い」に極めて長けた人**でした。

たとえば、「視野と視点と視界の違いって何だろうな?」「課題と問題、今回の資料ではどちらの表記を使うべきだと思う?」「認識の徹底って書いてあるけど、誰に、何を、どのレベルで伝えれば認識を徹底できたことになるの?」等々。

言葉の解像度を上げ、日々の業務遂行にまで落とし込んでいけるような会話を、「紙1枚」資料をたたき台にしながら日常的に、時には深夜残業の時間帯まで徹底的にやってくれる。そんな上司でした。

当時の私はまだまだ言葉の扱いが雑で、本音を言えば、「視野も視点も視界も、そんなの全部同じでいいだろ」と感じてしまう時すらあったのですが……。

上司とのコミュニケーションを通じて、少しずつ言葉を大切にして働くことの重要性を感得していきました。

言葉を適当に扱っていると、思考も適当になってくる。

思考＝インプットが雑になると、行動＝アウトプットも散漫になり、精彩を欠いた働き方しかできなくなってきます。その結果、「この仕事、どうなってるの？」「なんでそういう判断をしたの？」と聞かれても、「まあ、何となく……」以上の応答ができなくなってしまい……。こんな状態では、評価を勝ち得て昇進・昇給することなど夢のまた夢です。

雑な仕事をしないために、まずは１つ１つの言葉を今よりも丁寧に扱い、様々な解像度で捉えられるようになること。

新卒のタイミングでこうした力の重要性について学べたことは、決定的でした。

当時の上司には本当に深く感謝しているのですが、その一方で。

あなたの会社・職場には、こういった上司や先輩、指導者がいるでしょうか。

あなたを教え、導いてくれるような仕組みや取り組みはあるでしょうか。

――曖昧な社会人生活にならざるを得なかった人たちへ

私は1982年生まれです。就職活動時は、いわゆる〝氷河期〟でした。

周囲を見渡すと、内定がもらえず苦労していた人、たとえ就職できたとしても、優れた上司には恵まれなかった人たちばかり。先ほどの問いについて、「そんな上司、いるわけないだろ……」と嘆いていた同年代の大半が、適切な指導を受け育成される機会もないまま、今や中間管理職になってしまいました。

トヨタで得た数々の学びを、その中でも今回は「言葉の解像度上げ」にフォーカスを合わせ、できるだけ再現性の高いカタチで指示を受ける側、指示を出す側の双方に役立ててほしい。本書は、こうした願いをこめて執筆しています。

両者の架け橋、共通言語となるような本である一方、そもそも両者を兼ねる存在が中間管理職＝多くの同世代なので、彼ら・彼女らをサポートする本でもあってほしいと、特に強く望んでいます。

私はただ、運が良かっただけです。より現代的な言い方をすれば、キャリアの最初期に、たまたま上司ガチャで大当たりを引いたにすぎません。

もちろん、他の世代の読者さんが読んでも、有益な学びが多々ある本です。たとえば、研修やＯＪＴ等の仕組みがなかったり、あっても機能していない組織で働いているのであれば、年代関係なく本書を一通り読んでみてください。そこはくれぐれも誤解しないでほしいのですが、とりわけ氷河期世代の中間管理職の読者さんにとって、本書が20年以上の時を経た「大当たり」となる。そう確信して、この本を世に問います。

――解像度を上げる「3つの技術」

以上の想いをカタチにするべく、次のように本書を構成しました。

まずは大きく、**第1部「基本」編と、第2部「実践」編の2段階方式**で読み進めていけるようにしておきました。

第1部「基本」編では、最も多くの読者さんに当てはまるであろう**3つの曖昧フレーズ（類似フレーズも加えれば18フレーズ）について、懇切丁寧に解説**していきます。

なんだかよくわからない言葉の「解像度」をどうやって上げていくのか。

私が社会人になって間もない頃、上司たちが授けてくれた一生ものの学びを、シンプルな方法で誰もが再現できるようにしました。

その後の**第2部「実践」編**では、さらに**9つの曖昧フレーズ（類似フレーズも加えれば54フレーズ）をカバー**していきます。

第1部の「基本」編と合算すると、**本書だけで72もの曖昧な言葉についての解像度がクリアになります**ので、読後は、まるで眼鏡やコンタクトレンズで視力矯正をした後のように、仕事の景色が一変するはずです。

最後に、各部ではなく各項についても、あらかじめ構成を明らかにしておきましょう。01から12までナンバリングした項目＝曖昧フレーズは全て、**「理解」編と**

「行動」編の2ステップになっています。

まずは**「理解」編**。各項の前半部分を使って、取り上げる曖昧フレーズの意味内容について、**より深く「わかる」レベルまで**解像度を上げていきます。

詳しくはこの後の01で解説していきますが、基本的には**次の3つのアプローチができればOK**なようにしておきました。

- 解像度を上げる技術① 反対から考える
- 解像度を上げる技術② 具体と抽象を行き来させる
- 解像度を上げる技術③ 英語に置き換える

現時点では、「この3つだけで良いなら、確かにシンプルでカンタンそうだな」と感じてくれれば十分です。実際の解説を楽しみにしていてください。

――「わかる」し「動ける」が一番強い

一方、各項の後半は**「行動」編**と題して、理解を深めたフレーズについて**「どうすれば動けるか、行動に移せるか、実践できるか」**に徹底的にこだわって、解像度をさらに上げていきます。

「理解」編と「行動」編の違いについては、現段階では次のようなイメージで捉えてみてください。

たとえば、仕事をしていて、部下があなたの指示やお願いについて「はい、わかりました！」と返答してくれた場面を思い浮かべてみましょう。

ところが、何日経っても、部下からは何のアウトプットもない……。

そこで、「例の件、どうなってるの？」と確認してみたら、**「すいません、理解はできたと思うのですが、いざ行動しようとしたら身動きがとれなくなってしまって……」**などと言われてしまう。

これが、「理解」編の段階はクリアしているが、「行動」編のレベルまでは解像度が上げられていない状態です。

まだ序章なので「何となくわかりました」という程度で構いません。それでも、こういった経験やコミュニケーションに少しでも心当たりのある読者さんであれば、きっと**「そうです！　まさに、そのレベルの解像度で学びが欲しかったんです！」**となっているのではないでしょうか。

本書ならではの「行動」編を楽しみにしていてください。

以上をまとめると、**全体（マクロ）は「基本」編と「実践」編。フレーズごとの各項（ミクロ）も「理解」編と「行動」編というカタチで、どちらもシンプルな2部構成にしてあります**。どうか最後まで、構造を見失うことなく完走してください。

それでは、第1部へと進みましょう。

最初に選んだ「曖昧フレーズ」は、**「当事者意識をもつ」**です。

第1部

言葉の
解像度を上げる
「基本」編

曖昧フレーズ

01

当事者意識をもつ

類似フレーズ

「まるで部外者かのような姿勢でいることだけはやめよう」

「どうか主体性を発揮して働いていってください」

「もっと目的を意識して動いていかないと」

「受動的にならずに、能動的に仕事をしていきましょう」

「担当者として責任をもって業務にあたってほしい」

日々のビジネスコミュニケーションでたくさん飛び交ってはいるが、ふと立ち止まって冷静に考えてみると、実は何が言いたいのか意味がよくわからない……。あるいは、人によってバラバラの意味で使われているような曖昧模糊とした言葉たち……。

そのトップバッターとして、本書では**「当事者意識」**を選びました。

理由は、これまでお会いしてきたビジネスパーソンの多くが、「具体的に何をしたらいいかよくわからない言葉」の代表例として、このフレーズ（や類似フレーズ）を挙げたからです。

「当事者意識をもって」「主体性を発揮して」「もっと能動的に」等々。

言い回しは他にもたくさんありますが、ともかく多くの読者さんが、このフレーズに触れるたびに、次のように感じてしまうのではないでしょうか。

「当事者意識って、そもそも何？」

本書は、１冊丸ごとかけて、こうした問いに正面から向き合っていく本です。

職場だと、「こんなこと、この年次になったら今更もう聞けないし……」「会話に水を差すみたいになっちゃうな……」「こんな発言をしたら、周りからバカ扱いされそうだ……」となってしまいそうな疑問に、真摯に答えていきます。

曖昧な言葉の**「解像度を上げる」**技術について身につけることで、本書を読み終わった頃には、様々なビジネス表現を**人に明解に説明できる**ように。

あるいは、**自分自身が意味や意図を理解したうえで即行動できる**ように。

さらには、**部下をはじめとした相手を導き、人を動かせる**ようにもなっていける。そんなビジネスパーソンを増やしていくことが、この本の目的です。

――「１枚」フレームワークのシンプルな型

序章で概説した通り、これから各フレーズについて**「理解＝わかる」**編と**「行**

動＝動ける」編に分けて解像度を上げていきます。

ただ、その前に。

本書では解像度上げの道具として、「はじめに」でも少しだけ言及した**「1枚」フレームワーク**という手法を活用していきます。

たった「紙1枚」書くだけの、極めてシンプルな方法です。

「理解」編や「行動」編に突入する前に、まずは「1枚」フレームワークの書き方をさっそくマスターしてしまいましょう。

ノートやメモ帳、コピー用紙、何かの裏紙でも構いません。とりいそぎ、とにかく文字を書くことができる紙を1枚用意してください。

現実的にはA5もしくはB5くらいのサイズが一番やりやすいので、「何でもOK」と言われるとかえって困ってしまうような状態なら、A4サイズのコピー用紙を半分に折って（これでA5サイズになります）、記入していけば大丈夫です。

準備ができたら、図1のような枠組みを作成していきます。

やることは、**「タテ線とヨコ線を何回か引いていくだけ」**です。

視覚的に区別をつけた方がわかりやすくなるため、図1に記載している通り、緑色のカラーペンでのフレーム作成を推奨しています。ただ、「手元に緑ペンがないのでやりません」となってしまっては本末転倒なので、黒ペンしかないのであれば、黒1色だけでやってもらっても構いません。

4×4の枠組み＝フレームワークが完成したら、左上の枠（ここを「第1フレーム」と呼んでいます）に、「日付」と「テーマ」を記入します。

日付を書く理由は、作成した複数の「紙1枚」をまとめて整理したり、後で探し出したりする際に、時系列を手掛かりにすることが一番有効だからです。

今回は「当事者意識」についての解像度を上げることが目的なので、テーマは**「当事者意識とは何か？」**と記入します。

ただ、自問自答しやすい言葉にした方がこの後のプロセスに取り組みやすくな

図1 「1枚」フレームワークの書き方

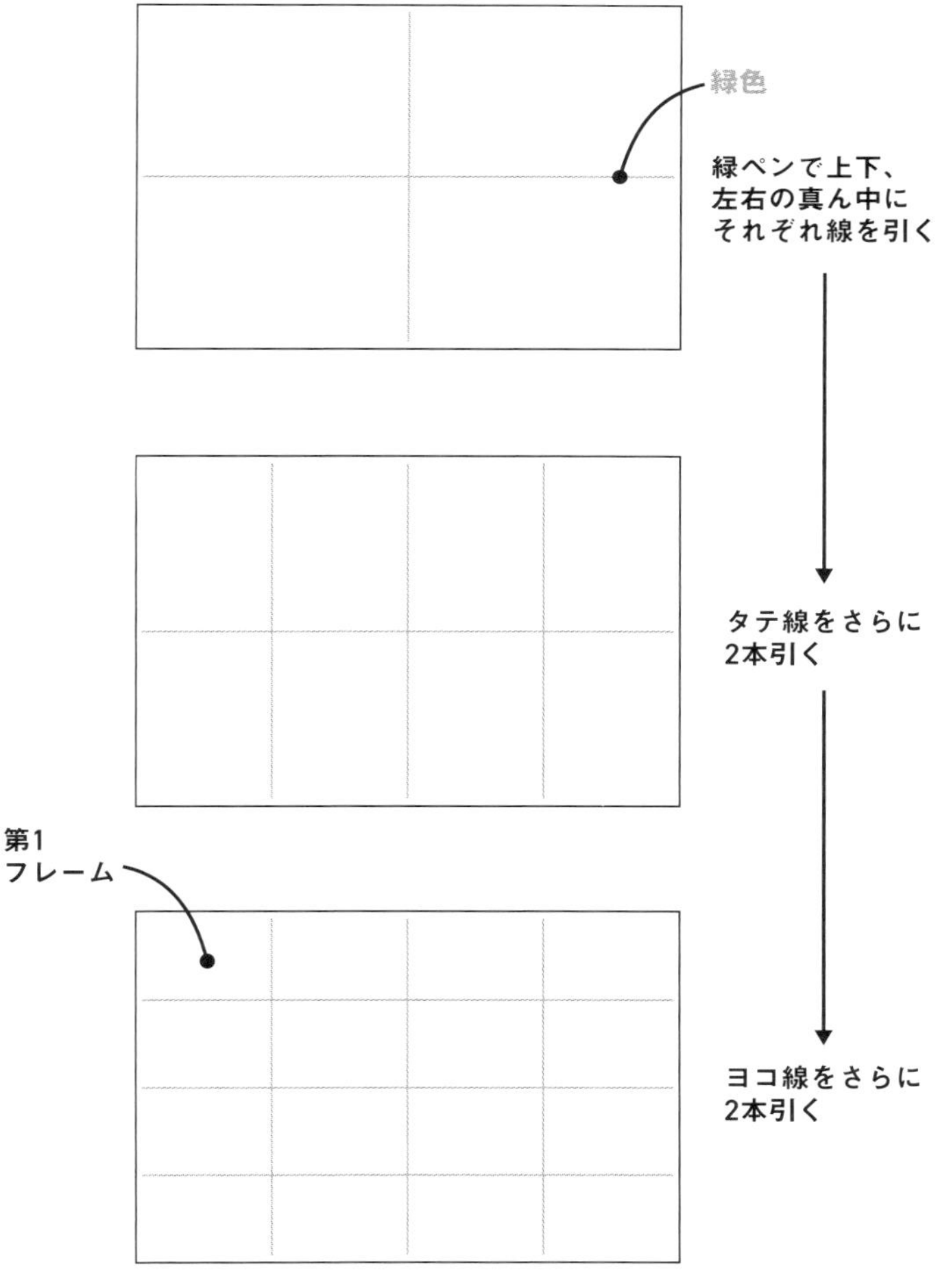

図2　「当事者意識」の「紙1枚」①

るため、自分で書く際は、「当事者意識って何なん？」「当事者意識って？」等々、あなた自身がしっくりくる言い回しで書くようにしてください。

「1枚」フレームワークの基本型は、たったこれだけです。

カンタンすぎて拍子抜けしている読者さんも多いと思いますが、このシンプルな「紙1枚」を活用することで、様々な問題を解決することができます。**「え、これだけでいいの？」「これなら自分にもできそうだ！」**となってくれているのであれば嬉しいです。実際、本当にこれだけで何とかなってしまう実例をこれから大量に共有していきます。それらを参考にしつつ、最終ページにたどり着く頃には、自分でも作成できる状態を目指してください。

「理解＝わかる」編

――「当事者意識」をどう解釈するか

それでは、この「紙1枚」を活用しながら、「当事者意識」という言葉の解像度を上げ、認識を深めていくための**「理解」編**を始めていきます。

具体的には、図2の空白になっているフレームに記入をしていきましょう。

「当事者意識」という言葉を自分なりに人に説明するとしたら、どんな言葉に置き換えられそうか。浮かんできた内容を各フレームに記入していってください。

その際、視覚的な区別をつけると思考がよりクリアになる効果があるため、このプロセスは青ペンでの記入を推奨しています。ただ、前述同様、手元にカラーペンがなければ、黒ペンだけでやってもらっても構いません。

記入の順番は、「当事者意識って?」の1つ下のフレームから始め、上から下へと埋めていきましょう。一番下のフレームまで達したら、1つ右の列の一番上からまた記入していきます。

この点に関して少しだけ余談を挟むと、近年、大谷翔平選手が学生時代に書いていた「マンダラチャート」が有名になったせいか、私からの説明を聞いてもなお、図2の「紙1枚」の真ん中あたりから埋め始める受講者さんが何人も現れる事態が発生しています。

先入観や思い込みがバイアスとなってそのような現象が起きているのだと理解していますが、「1枚」フレームワークは上から下に埋めていくだけの、これ以上ないくらいシンプルな手法です。

どうか記載の通りの手順で実践するようにしてください。

加えて、「意味がわからないとやりたくない」と感じるビジネスパーソンも年々増えてきているので、この手法の目的について明記しておきます。

この「紙1枚」を作成する意図・理由は、**解像度を上げたい言葉について考えるための材料を、できるだけたくさん頭の中から出すためです**。目の前の紙に書き出すことで、**脳内ではなく視覚的に、あるいは手を動かして身体的に考えることができる**ようにしたくて、このようなアクションをやっていきます。

数多くの材料が欲しいので、とにかく何か言葉が浮かんだら埋めていく。あるいは、連想ゲーム的に思いつくフレーズがあれば、それもとりあえず記入してしまってOKです。

逆に、前後のつながりは気にせず、ランダムに、思いつくままに書いていってても構いません。あとで取捨選択するので、この段階では「質より量」重視で、たくさん書き出すことを最優先にしてください。

図3の通り、今回は全部で11個のフレームに記入することができました。

まずは「当事者意識」という言葉の解釈として、**「ジブンゴトとして捉える、動く」**という言い換えが浮かんできたので、それをそのまま記入しています。

図3　「当事者意識」の「紙1枚」②

2/19 当事者意識って？	会社の都合なんて どうでもいいでは 済ませない	どうすれば反応 ↓ 目的への共感	
ジブンゴト として捉える、動く	責任をとる	何のための仕事 なのか深く理解し 共感していく	
その反対は 「無関心・無視」	責任とは Responsibility ＝レスポンス能力	共感するには 自分の興味関心 との接続が必要	
自分には関係ない では済ませない	放置せずに 反応できること	今の仕事や会社 組織に対して、 どんな問題意識 があるか？	

ただ、こうやってただ漠然と言い換え表現を考えているだけでは、「こんなにたくさん書けそうにない」と感じる読者さんも多いはずです。

そこで、こうした手法をすでに身につけた受講者さんにもヒアリングしながら、できるだけ実用性が高い考え方を厳選し、**「解像度を上げる3つの技術」**としてシンプルにまとめてみました。

どれもカンタンに見えるかもしれませんが、実際に使いこなせているビジネスパーソンは非常に少ないというのが実状です。「どのくらい意識的に、縦横無尽に使えているか？」という観点で、以降を読み進めていってください。

解像度を上げる技術① 「反対から考える」

１つ目は、**「反対から考える」**ことで解像度を上げていくアプローチです。

今回の例であれば、「当事者意識とは何か？」について考えるよりも、**その反対の「当事者意識を発揮していない状態とは何か？」という問い**にした方が、はるかに解像度を上げやすくなります。

実際、図３の「紙１枚」では、**「反対は無関心、無視」「自分には関係ない」**といったフレーズを記入していますが、これらの表記がまさに「反対から考える」の実例です。

2/19 当事者意識って？
ジブンゴト として捉える、動く
その反対は 「無関心・無視」
自分には関係ない では済ませない

以上のような思考プロセスを踏むこ

とができるようになると、たとえば次のような言葉に変換し、解像度を上げる＝理解を深めることが可能になります。

「当事者意識をもつ」とは、「他人事として放置しない」こと。

何も浮かばない時は、「反対から」考えてみる。

これから本書でたくさん事例を紹介していきますが、このアプローチが最もパワフルに役立ちます。１冊読み終わる頃には自然とこうした思考回路が身についているよう、ページをめくりながら自身に馴染ませていってください。

解像度を上げる技術②
「具体と抽象を行き来させる」

２つ目の解像度上げのアプローチは、**「具体と抽象を行き来させる」**です。１つ目のアプローチを通じて、「当事者意識」という言葉の具体性を高めることができました。

これをもう一度、今度は抽象度を上げる方向で、ただし、「当事者意識」以外の言葉で表現できないかと考えてみてほしいのです。

こうやって、**具体と抽象の間を、別の言葉に変換しながら何度も行ったり来たりさせる**ことでも、まさにカメラのレンズを絞ったり緩めたりするようなイメージで、言葉の解像度を上げていくことができます。

「他人事として放置しない」を別の言葉で、より端的に、しかも「当事者意識」とは異なる表現で言い換えるとしたら……。

色々な答えがあり得るので、これから紹介する言葉が唯一の正解というわけではありません。その点はくれぐれも誤解しないでほしいのですが、私の場合、「責任をとる」という言葉が浮かんできました。

このように、**「当事者意識＝他人事として放置しない＝責任をとる」**とすることで、この言葉への理解をさらに深

会社の都合なんて
どうでもいいでは
済ませない

責任をとる

責任とは
Responsibility
＝レスポンス能力

放置せずに
反応できること

めることができるわけです。

「反対から考える」アプローチが不発に終わった時、あるいはもう少し別の角度から検討してみたいとなった時には、「さらに別の表現で具体化、もしくは抽象化できないか」と考えるようにしていきましょう。

解像度を上げる技術③ 「英語に置き換える」

最後にもう1つだけ、3つ目の解像度を上げるアプローチを紹介します。

これについては、1つエピソードを挿入させてください。

20代の頃、米国支社で仕事をしていた時期がありました。

当時の直属の上司は日本人だったのですが、上司と日本語でやりとりする際、残念ながら何が言いたいのかよくわからないと感じるコミュニケーションになってしまうことが何度もありました。

ところが、現地で働くアメリカ人も交えて英語で打ち合わせやメールのやりとりをするケースになると、上司の発言の意図や意味が途端にわかりやすくなったのです。

理由は、上司自身が曖昧な日本語を明解な英語に変換してくれたから。その結果、日本語でのコミュニケーションの時のように、こちら側で察したり、意を汲んだり、忖度したりといったことが不要になったのです。

さて、なぜこんな体験談をいきなり共有したのかというと、このエピソードから解像度を上げるためのアプローチを抽出し、活かすことができるからです。

その方法をヒトコトでまとめれば、**「英語に置き換える」**。

たとえば、「当事者意識＝他人事として放置しない＝責任をとる」まで言い換えができたところで、「責任」という言葉を英語に変換してみましょう。

「責任＝Responsibility」であり、「Responsibility」という単語は**「Response＝反応」と「ability＝能力」の組み合わせ**で成り立っています。

すなわち、**「責任とは、反応できる力」**のことであり、**「責任をとる」とは、「放置しない、無視しない、無関心を装わない、やるべきことを最後までやりきる」**といった意味合いになってくるのではないでしょうか。

この辺りのことが、図３の２列目に書いた内容に対応しています。

３行目に「Responsibility」という英単語が登場している理由は、この３つ目のアプローチで考えたからです。

「責任は私がとるから」といったフレーズも、日本のビジネス環境では頻繁に登場しますが、「当事者意識」と同じくらい、どういう意味で使っているのかが曖昧な言葉です。

会社の都合なんてどうでもいいでは済ませない
責任をとる
責任とは Responsibility ＝レスポンス能力
放置せずに反応できること

今回、解像度を上げてみてわかったことは、「責任をとる」とは、「放置しないで、やるべきことを直視してやりきる力があること」。

だからこそ、世間でよく目にする「何もせずにさっさと辞任＝責任をとった」という幕引きに、私たちはモヤっとし、違和感を抱くのではないでしょうか。

少し話が本筋からそれてしまいましたが、ともかくこれで「当事者意識＝他人事として放置しない＝責任をとる」という置き換えの妥当性が、さらに高まりました。ここに、英語に変換して確認したニュアンスをさらに加えて、次のような言い換えをしてみます。

「当事者意識」とは、「業務に関心をもち、最後までやり抜くこと」。

ここまでくれば、「当事者意識」という言葉に関して、かなり理解が深まったという感覚が得られたのではないでしょうか。

再度まとめれば、ここに至るまでに駆使した「解像度を上げる」技術は、次の3つとなります。序章では、このまとめだけを先行して紹介しました。一通り説明を読んでもらった今の段階であれば、意味内容も含めて理解できるはずです。

- 解像度を上げる技術①　反対から考える
- 解像度を上げる技術②　具体と抽象を行き来させる
- 解像度を上げる技術③　英語に置き換える

他にもアプローチを増やすことは可能ですが、まずはこの3つを使いこなし、言葉の解像度を上げられるようになっていってください。

慣れてくれば、いちいち「紙1枚」に書き出さなくても、頭の中で同レベルの解像度上げができるようになります。そうすれば、今回紹介した「紙1枚」を毎回書く必要はありません。いざという時のリカバリー手段といった位置づけでOKになってきます。

「1枚」の効果を最大化する2つのポイント

「理解」編を終え、「行動」編へと移る前に、「1枚」フレームワークに関する補足を2点させてください。

まず、よく勘違いされるのですが、青ペンで書き出す際、「質より量」と言いつつ、決して全てのフレームに記入することが目的ではありません。今回の「当事者意識」の例でも、記入できたのは11個でした。結果的に空欄が残ってしまうようなことがあっても、全く問題ありません。

そもそも空っぽのフレームを用意する目的は、**「人は空白を見ると埋めたくなる」という心理特性を活用するため**。実際にやってもらうと、白紙の状態で同様の思考を働かせるよりも、はるかにやりやすくなることを体感できるはずです。

ブランクのフレームは、**「頭の中から言葉を引き出しやすくするための呼び水」**のような役割だと捉え、各フレームに埋められるだけ書き込んでいってください。

2点目は、これから「紙1枚」を読者さん自身が作成する中で、毎回のように感じてほしいポイントになります。

よく、「面倒でもこうやって書き出しながら考えることのメリットは何ですか?」と質問されるのですが、得られる最大のリターンは、**「頭の中だけでやるよりも停滞のリスクが減り、思考が促進される」**こと。その結果、**「考えがまとまるまでのスピードも、書いて、見て、考えた方が、結果的にはむしろ速くなる」**のです。

試しに、頭の中だけで「当事者意識とは?」と自問自答してみてください。

すると、「確かに書いた方が圧倒的にやりやすい」「結果的にはこっちの方が速い」と納得できるのではないでしょうか。

だからこそ、普段仕事をしていて、ただ腕を組み、パソコンやスマホとにらめっこして考えているだけでは、それ以上もう何も浮かんでこない……。たとえ浮かんだとしても、頭の中がとっ散らかって収拾がつかず、いつまで経っても整理がつかない……。その結果、うまく相手に伝えられず、自身の思考だけでなく行動までもが停止し、仕事の進捗が行き詰ってしまう……。

そんな事態に陥ってしまいそうな時に、ほんの数分、サッと「紙1枚」書いてみる。

このアクションを習慣化しておきたいのです。

いたってシンプルな手法ですが、実際にやってもらうと、思考の停滞や身動きできない閉塞状態を、あっさり打破することができるようになります。思考やコミュニケーションが暗礁に乗り上げてしまった時のリカバリー手段として、「1枚」フレームワークを身につけていってください。

とりわけ、もはや**「デジタル完結での働き方や学び方しかわからなくなってしまっているような人」**ほど、本書の読書体験は一生もののスキル修得の機会となります。実際、多くの読者さん・受講者さんから、そのようなメッセージをもらい続けている技術です。

「令和の、このAI適応の時代にもなって紙ですか」と言って毛嫌いする人もいるようですが、むしろ**デジタル完結で行き詰ってしまいやすい現代だからこそ、**

「紙1枚」レベルのシンプルな手法が、より一層求められている。私が社会人教育の現場で体感しているのはこのような認識であり、だからこそ本書を世に投じています。必要としている人に届くことを願っています。

以上、「理解」編はこれで完了です。
ここまでの「解像度上げ」の結果をまとめておきます。

「当事者意識をもつ」とは

担当業務に関心をもち、やるべきことを放置せず、最後までやり抜くこと

「行動＝動ける」編

――わかるだけでは動けない

以上、ここまで読んでもらっただけでも、「この本を読めば、確かに言葉の解像度を上げる力について、実際に手を動かしながら高めていけそうだ」「この力を身につければ、部下や上司、お客様から何を聞かれても、うまく言語化して説明できそうだ」と感じてもらえたと思います。

ただ、残念ながらこれだけではまだ不十分というのが、本書のスタンスです。

もう一度、解像度を上げた言葉について確認してみましょう。

「当事者意識をもつ」とは、

「担当業務に関心をもち、やるべきことを放置せず、最後までやり抜くこと」。

確かに、これまでの一連のプロセスによって**「理解は深まった」**はずです。ですが、この表現だけで**「実際に行動に移せる」**人は、必ずしも多くはありません。相変わらず**「どうすれば担当業務に関心がもてるんだろう?」**といった疑問が残ったままとなっているからです。

序章でも書きましたが、この段階で大半の部下は「わかりました!」と言ってくれると思います。ですが、そこから自分なりに「動けるレベル」で解像度を上げられる人でないと、「で、結局のところ自分はどうすればいいんだ……」とフリーズしてしまい、現状は変わりません。

あるいは、そんな部下から「で、具体的にどうしたらいいんですか?」と相談された際、あなた自身が何も答えられなかったとしたら……。

こういった、お互いの信頼関係にヒビが入りかねないような事態を回避するべく、「行動=動ける」編を設けました。

そもそも本書は、学生向けの本ではなく、ビジネス書です。

学校の授業であれば、「私は理解できています！」ということをテストで示せれば、それで満点です。したがって、ゴールは「わかればOK」となります。

一方、ビジネスの世界では「**私は行動できています、実践できています、仕事で役立てられています**」**までをクリア**しなければなりません。

否《いな》、これでもまだ不十分で、仕事は自己完結ではなく、誰かと関わって＝コミュニケーションしながら進めていく必要があります。

そこで、自分自身だけでなく**部下や上司、顧客といった相手が動けるレベル＝再現性の高いレベル**までカバーしなければなりません。

要するに、先ほどまでの解像度だと、「わかる」段階はクリアしているものの、「動ける」段階にはまだ達していないという捉え方をしていきたいのです。

改めて、図3の3列目を次ページに再掲します。

フレームに記入する際はスペースが限られているため、より端的な表現にしてあります。そこで、少し言葉を補って言語化すると、次の通りです。**「どうすれば無関心にならず反応できる？→仕事の目的への共感が必要」「何のための仕事なのか深く理解・共感していく」「共感するには、自身の興味関心や問題意識を業務と接続していく」**といった趣旨の言葉が書かれています。

この部分は、「わかる」段階ではなく「動ける」段階を目指して解像度を高めた思考の整理です。だからこそ、「どうすれば？」という問いが立ててあります。

実際、「当事者意識」をもって働くためには、「自身の担当業務にもっと興味関心をもつ」必要があるわけですが、そのためには、**「その仕事の目的を改めて確認」**してみる、あるいは、**「自身の興味関心や問題意識と接続できるところはないかと思考整理」**するといったアクションが有効になってきます。

どうすれば反応
↓
目的への共感

何のための仕事
なのか深く理解し
共感していく

共感するには
自分の興味関心
との接続が必要

今の仕事や会社
組織に対して、
どんな問題意識
があるか？

こうやって、できるだけ**「アクション＝手足を動かして行動できる」**レベルまで解像度を上げていくからこそ、**「わかった」だけでなく「動けた、できた、仕事が進んだ」という段階**にまでたどり着くことができるわけです。

――「動けるまで」解像度を上げるとは？

「当事者意識」を発揮するためには、「自身の担当業務の目的を改めて確認してみる」あるいは、「自身の興味関心と接続してみる」。

ここまでを読んでみて、「これでもう動けそうです！」となっている人には、これ以上の解像度上げは必要ありません。

実際、あなたが上司の立場である場合、ここまでの内容を伝えることで、部下が実際に「当事者意識を発揮」し、「主体的に」「能動的に」動けるようになる場合もあるでしょう。

ただ、社会人教育の世界で12年以上、1万5000人以上のビジネスパーソンの成長支援に携わってきて痛感している「ある事実」があります。

「ここまで解像度を上げても、まだまだ動けない人はたくさんいる」という実態です。正直、事態は年々、悪化の一途をたどっています。もし、あなたの部下も該当するのであれば……。

本書では、さらにもう一歩踏み込んだ解像度上げを提唱します。**「あとはもう実際に手を動かしてやるだけでOK」**というところまで、さらに解像度を上げていきたいのです。

具体的には、「理解」編の時と同様、「行動」編でも「1枚」フレームワークを活用していきます。図4を見てください。

基本的な枠組みは「理解」編の時と同じです。ただ、もう1か所、緑ペンで「テーマ」を記入する場所が増えています。真ん中から左右に分かれているという認識で、以降を読み進めるようにしてください。

図4　「当事者意識」の「紙1枚」③

2/19 会社の理念や方針、ビジョン等は？	○○○	自身の担当業務のキーワードは？	○○○
○○○	○○○	○○○	○○○
○○○	○○○	○○○	○○○
○○○	○○○	○○○	○○○

まず、この「紙1枚」の左半分に、**「会社の理念やビジョン・方針等、すなわち仕事で達成するべき目的」**に関するキーワードを書き出していきます。

一方、右半分には自身の担当業務のキーワードを記入していきましょう。緑ペンで**「自身の担当業務のキーワードは？」**と書かれている部分です。

記入時間は、それぞれ5分程度で構いません。

左半分も右半分も両方書き出せたら、ここで「理解」編の時とは異なるアク

図5　「当事者意識」の「紙1枚」④

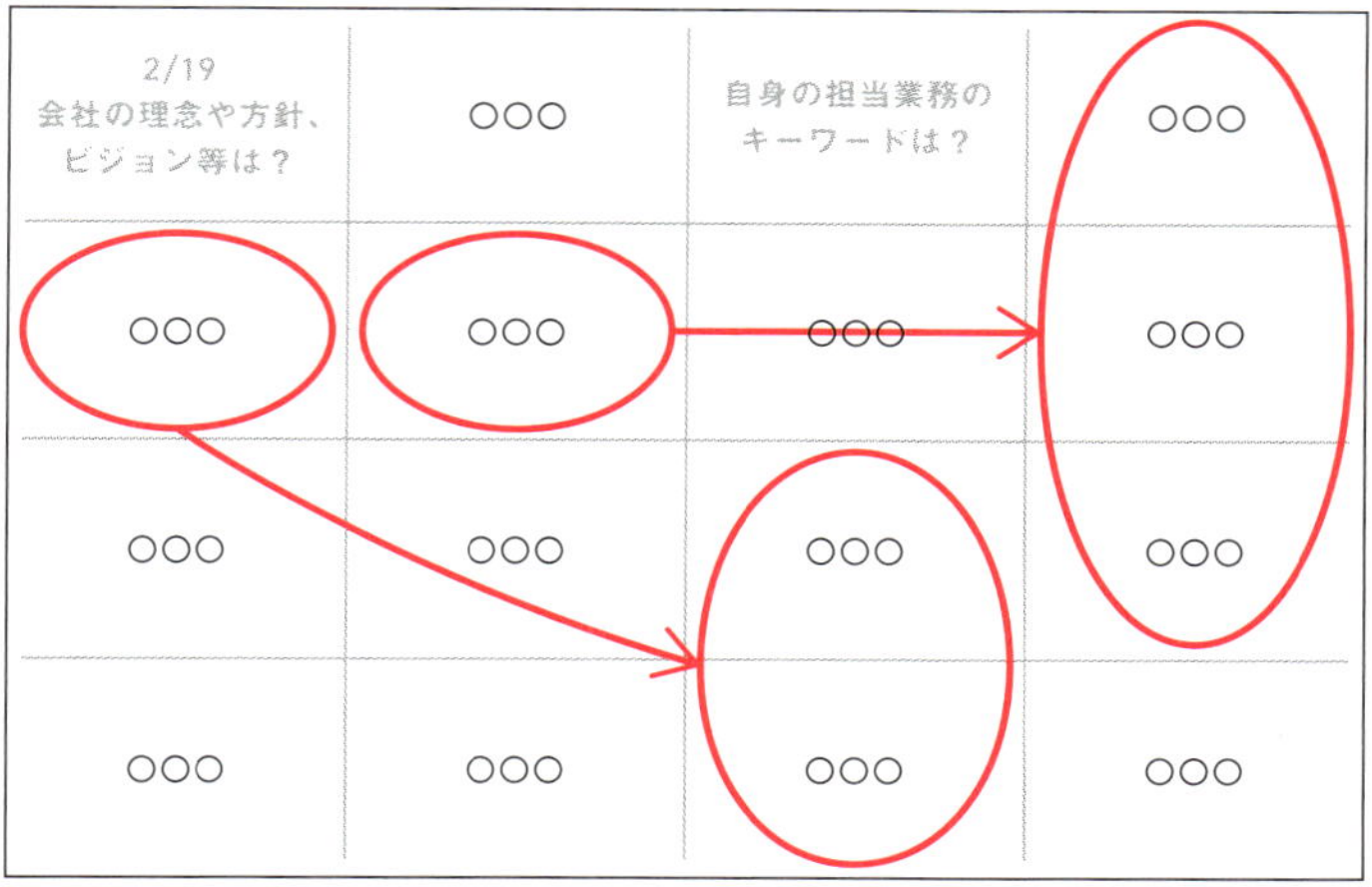
2/19
会社の理念や方針、ビジョン等は？
○○○
自身の担当業務のキーワードは？
○○○

ションを一つだけ追加します。

可能であれば赤ペンを用意し（なければ黒ペンでも構いません）、図5のように**左右を見比べ、重なりそうな言葉を丸で囲んだり、線でつないだりしながら、会社の目的と自身の業務との「つながり」を見出していってほしい**のです。

すると、手を動かしながら**「そうか、この目的を達成するために、自分はこの業務を担当しているのか！」「なるほど、この理念とのつながりを大切にしながら働いていけばいいのか！」**といった**「感情」**や**「身体感覚」**が生じてきます。

こうした感覚こそが、まさに当事者**「意識」**です。心や体も伴う必要があるため、頭の中だけで思考するには限界があります。そこで、こうやって「紙1枚」にまとめてみることで、「わかったけどできない」のカベを越えていきたいのです。

読者さん自身が、「当事者意識を発揮して」働いていきたいのであれば、まずは自分のためにこの「紙1枚」を書いてみましょう。

そのうえで、「もっと主体的に、能動的に働いてほしい」と感じている部下がいるのであれば、彼ら・彼女らにもこの「紙1枚」を書かせてみてください。

いずれにせよ、作成した「紙1枚」をときおり見返しながら働いていけば、「もっと当事者意識を発揮して働くこと」が、実際に行動に移せるレベルで実践可能になります。

——ＡＩは、部下が動ける言葉までは考えてくれない

　ここまで読んでみて、いかがでしょうか。

「なるほど、わかるとできるの違いはこういうところにあるのか！」「確かにこれなら、たった１枚書くだけで、実際に行動できるレベルで相手にも手渡せる！」と感じてくれているのであれば嬉しいです。

　緑ペンで枠組みを書き、テーマを決める。

　その後、青ペンでテーマに関するキーワードをいくつか書き出す。

　必要に応じて赤ペンでまとめながら、最終的には「わかる」段階を超え、「動ける」レベルまで解像度を上げていく。

　ほんの数分、「紙１枚」書いてみただけですが、これで確かに、「当事者意識を発揮する」という言葉の意味が「わかる」ように。それだけでなく、実際に「動ける」レベルまで解像度を上げることができたわけです。

　ここまで読み進めてもらったことで、本書が何を目指しているかについて十分

に伝わったのではないでしょうか。

日本のビジネス環境には、曖昧な言葉・フレーズが多数飛び交っています。

ただ、それらについて誰かが懇切丁寧にかみ砕いてくれるのを毎回のように期待することは、残念ながらできません。

もちろん、ＡＩに相談すればわかりやすく解説してくれるような時代になってきてはいます。ですが、ＡＩの回答は、あなた自身や、何よりあなたの部下の前提や個別の事情、これまでの背景等までは考慮に入れることができません。

ＡＩに手足がない以上、自身や部下が直面している状況に当てはめながら言葉の解像度を上げ、自らが理解・行動していく。とりわけ、部下の理解や行動をサポートしていく力の重要性は、今後も変わらないはずです。

こうしたスキルが不足したままでは、ＡＩを使いこなす人材ではなく、ただＡＩに振り回されるだけの存在になってしまいかねません。だからこそ、本書で紹介するような解像度上げの技術を、一通り身につけておきたいのです。

このような前提で、以降も読み進めていってください。

曖昧フレーズ
02

優先順位をつける

類似フレーズ

「それぞれの状況で何が重要か見極めて仕事をしていってください」

「限られたリソースで、何ができるかよく考えてみて」

「あれもこれもじゃパンクしちゃうから、もっと絞り込まないと」

「ちゃんとダンドリしながら進めていってね」

「取捨選択の判断をしっかりやっていきましょう」

2つ目の曖昧な言葉は、**「優先順位をつける」**を選びました。

これも仕事をしていると頻繁に見聞きするフレーズであり、普段からよく使っている読者さんも多いのではないでしょうか。

だからこそ、第1部の「基本」編に、この言葉も収めることにしました。

確かに、時間的に予算的に、あるいは人員的にも、リソースは常にひっ迫し、限られています。「あれもやろう、これもやろう」というわけにはいきません。一個人としても集団組織としても、あるいは会社全体で捉えてみても同様のことが言えます。

一方で、「では、普段いったいどうやって優先順位をつけていますか？」という質問を投げかけてみると、明確な答えが返ってくることは稀です。だからといって、部下から同様の質問を受けた際、「そんなの自分で考えろ！」と言って一蹴できるような時代でもありません。

今回の例を参考に、行動できるレベルの解像度で、改めてこの言葉への認識を深めていきましょう。

「理解=わかる」編

──「優先順位」を具体化する

まずは、言葉への「理解」を深める「解像度上げ」から実行していきます。

「優先順位をつける」場面に遭遇した時、私たちは実際のところ何をやっているのか。色々な言語化、言い換えがあり得ると思います。あなただったら、どんなフレーズが真っ先に浮かんでくるでしょうか。

ひとしきり自分なりにも考えてみてほしいのですが、その際、もし頭の中だけで解像度を上げていくことに限界を感じるのであれば……。

そうです。「当事者意識」の時と同じように、図6のような「紙1枚」を書いてみましょう。

今回は埋められたフレームが6つだけだったため、図6には「紙1枚」の左半分のみを掲載しています。このように「全て埋めることが目的ではない」というポイントを、ここで改めて思い出しておいてください。

今回は3つの解像度上げの技術のうち、主に2つ目の「具体と抽象を行き来させる」アプローチで書き出していくことができました。

「重要度」「緊急度」「難易度」「鮮度」といった言葉は全て、「優先順位」という言葉の例＝具体化として浮かんできたものです。

こうやって書き出した6つのフレームを見ながら考えをまとめていった結果、最終的には、私なりに次のような言葉に変換することができました。

「優先順位をつける」とは、「様々な切

図6　「優先順位」の「紙1枚」①

2/20 優先順位をつける とは？	考えるとは、 問いを立てる ということ
重要度、緊急度で 考えてみる	したがって、 様々な切り口で 考える＝様々な 質問を重ねる
難易度、鮮度等、 別の切り口もあり	複数の質問で 重なってくる仕事 ＝優先度が高い
要するに、様々な 切り口で考えて みること	

り口から検討してみること」。

このように、まずは理解を深め、そのうえで実際に手足を動かせるよう、「行動」の方にもフォーカスを合わせていきましょう。

なお、以下の話はこの項だけでなく、他の全てのフレーズの解像度上げに当てはまるポイントとして理解しておいてほしいのですが、「自分なりに」と記載している通り、ここに書いたまとめは決して「唯一の正解」ではありません。

先ほどのような「紙1枚」を作成する際、人が変われば青ペンで書き出すキーワードもおのずと変わってきます。結果、赤ペンでまとまってくる言葉も別のものになって当然です。

本書で紹介していく解像度上げの例は、あくまでも一例、たたき台、呼び水にすぎません。大切なのは、言葉を紡ぎ出すまでの思考と行動。この一連のプロセスを「紙1枚」書くだけで実践可能にすることで、**あなた自身やあなたの部下が、手を動かして再現できる**ようにしてあります。

この本の例を参考にしてもらいつつ、自分でも「紙1枚」を書いてみて、あるいは部下にも「紙1枚」を書かせてみて、自分たちの職場で機能する適切な言葉を見出していく。そのように活用していってください。

以上、「理解」編はこれで完了です。

ここまでの「解像度上げ」の結果をまとめておきます。

「優先順位をつける」とは

「様々な切り口」から検討し、
「複数重なるものを浮かび上がらせる」こと

「行動＝動ける」編

――「で、何をすればいいんだろう……？」

ここからは、「行動」編にシフトしていきましょう。

「動けるか？」という観点で改めて先ほどのまとめを確認してみると、「様々な切り口」という言葉の抽象度がまだ高めです。

自分なりに「様々な切り口」を見出していける人は、ここまでの解像度上げで十分かもしれません。一方、何も浮かばないという人は、以降の解説をさらに参考にしてください。

まず、「様々な切り口」として私なりに浮かんだものを、列挙してみます。

重要度、緊急度、難易度、貢献度、影響度、鮮度、等々。

たとえば、「緊急度が高く、難易度も高い」選択肢と「緊急度は高いが、難易度は低い」選択肢があるのであれば、まずは後者からさっさと片づけてしまう。あるいは、「重要度は同じくらいでも他部署への影響度が高い」なら、そちらから先に着手していく。

こうやって複数の切り口を組み合わせていけば、確かに優先順位をつけて動いていくことができそうです。

とはいえ、この説明だけで実際に優先順位をつけて働けるかというと、そうはならない人も依然として存在します。

試しに、**「重要度とか緊急度とか色々な切り口で検討してみれば、優先順位はつけられるよ」**と、部下に伝えたとしましょう。

すると、「わかりました！　やってみます！」というリアクション自体は、おそらく返してくれるはずです。

とはいえ、本当にこれでコミュニケーションを終えてしまって大丈夫でしょうか。

きっと心当たりがあるはずです。

「もう大丈夫です!」という返答=リアクションが返ってきたにもかかわらず、その後、相変わらず行動=アクションが伴ってこないという展開に……。

本書の核心となる重要な部分なので、序章から類似の話を何度か繰り返していますが、**「理解」編レベルの解像度で難なく行動できてしまう人ほど、こういった事態に陥っている部下の脳内で何が起きているのか、あるいは、心の中で何を感じているのかについて、理解・共感することが難しいはずです。**

彼ら・彼女らは、あなたの話を確かに理解できてはいます。

一方で、必ずしも「わかる=できる」とはなっていないため、いざ実行する段階になると、「あれ、実際のところ今から何をしたらいいんだ?」となって、フリーズしてしまうのです。

とはいえ、すでに「わかりました！」と言ってしまった手前、もう一度「どうすればいいでしょうか？」と聞き直すこともできません。その結果、コミュニケーション不全になり、仕事が停滞してしまう……。

これが、「わかる」と「できる」の間が乖離しているせいで葛藤してしまっているビジネスパーソンの本音です。

「わかりさえすれば、こうすればできると伝えてくれさえすれば、あとは自分なりに工夫して実際にやる」ところまでいける人も、確かにたくさんいます。

ですが、いざ実際に「やるぞ！」となった時に、「あれ、重要度や緊急度で検討するって、結局のところ何をしたらいいんだろう……」となってしまう。

そんなビジネスパーソンも一定数いるのだということについて、どうかもっと寛容になってください。

――「わかる」と「動ける」をつなぐ「1枚」

正直に申し上げれば、かつての私自身が、まさにその一人でした。

私は20代の頃からビジネス書をよく読んでいましたが、「優先順位をつけて仕事をしよう」「もっと目的を意識して働きましょう」「仕事はメリハリが大事です」といった著者のメッセージに触れるたびに、「優先順位って、どうすればつけられるのかを知りたいんだけどな……」「具体的に何をすれば目的を意識できるのかについて、どうしてどの本も書いてくれてないんだろう……」という不満を抱き続けていました。

こういった、かつての私と同じようなところで悩んでいる読者さんのために存在するのが、本書の「行動」編パートです。

袋小路に入った状況を打破するべく、手を動かして行動できるレベルまで、さらに解像度を上げていきましょう。

具体的には……「当事者意識」の時と同じです。

「行動」編でこそ、より積極的に「紙1枚」書いてみるというシンプルな動作をフル活用していきます。

図7　「優先順位」の「紙1枚」②

2/20 今日やることは？	企画書を 仕上げる	出張報告書 の作成	出金伝票整理
打ち合わせ PM1:00～	A社△△さん アポイント	会議用資料 の読み込み	講演会申し込み
契約書コピー	宅急便送る	□□さんに 相談の電話	●●さんと ■■さんに メール
総務部○○さん ランチ	B社の件について ▲▲さんに相談	ファイルの発注	入金記録の確認

まずは自分で作成してみて、ひとしきり使いこなせるようになったら、身動きがとれずにくすぶっている周囲の人にもこの方法を教えてあげてください。

今回は、図7のような枠組み＝フレームワークを用意すればOKです。

本項は「優先順位をつける」がテーマなので、例として、第1フレームに「今日やることは？」と緑ペンで記入しておきました。

実際には、「今週」でも、「今月」でも、自分にとってやりやすい、または優先順位をつけたいスパンに変更してもらって大丈夫です。

あるいは、**「今回のプロジェクトでやることは？」「次の会議で話したいことは？」**という具合に、**時間軸ではなく業務軸**で書き出しても構いません。

緑ペンでフレームを作成できたら、数分だけ時間をとって、「今日やること」の候補を青ペンで書き出してください。全て埋める必要はありませんので、ある程度書けたら次のステップに進みましょう。

――**「優先順位をつける」＝「質問を重ねていく」**

「今日やること」について一通り書き出せたら、赤ペンを使って、次の質問に該当するものを○△□で囲んでいきます。

- 質問①　重要度＝特に「重要なもの」は？↓○で囲む（最大3つ）
- 質問②　緊急度＝特に「急ぎのもの」は？↓△で囲む（最大3つ）
- 質問③　難易度＝特に「着手しやすいもの」は？↓□で囲む（最大3つ）

図8　「優先順位」の「紙1枚」③

2/20 今日やることは？	企画書を 仕上げる	出張報告書 の作成	出金伝票整理
打ち合わせ PM1:00〜	A社△△さん アポイント	会議用資料 の読み込み	講演会申し込み
契約書コピー	宅急便送る	□□さんに 相談の電話	●●さんと ■■さんに メール
総務部○○さん ランチ	B社の件について ▲▲さんに相談	ファイルの発注	入金記録の確認

実際に取り組んでもらう際の最重要ポイントは、**各質問について同じ内容を囲んでもOKという点です。むしろ、積極的に複数の質問で同じ内容を囲んでいくようにしましょう。**

すると、最終的に図8のような「紙1枚」が完成します。

こうやって「紙1枚」にまとめてしまえば一目瞭然です。

○△□全てで囲まれているということは、それだけ「優先順位が高い」ということになります。

すなわち、この「紙1枚」をガイド

にして、たくさんの記号で囲まれているタスクから片づけていく。あるいは、それらを重視して判断や意思決定をしていく。

そうすれば、「優先順位をつけて働く」ということが「実践できた」ことになります。

なお、もし「重要度」「緊急度」「難易度」という3つの切り口がピンとこないということなのであれば、質問の内容を自分なりに変えてもらっても構いません。

いくつか他の切り口の例を挙げておきますので、自身で実践する際の参考にしてください。

- ○貢献度＝仕事相手から特に感謝されることは？
- ○影響度＝多くの部署に影響がある仕事は？
- ○鮮度＝今のうちに取り掛かるからこそ有効なものは？

このレベルの解像度で「優先順位づけ」や「ダンドリ」を実践できれば、もう、いつまでも悩んだり、時間をムダにしたりすることはありません。

ほんの数分、「紙1枚」に書き出して、複数の質問を重ねて該当するものを囲んでいく。そうやって、「一見して明らか」な状態を、目の前につくっていく。この方法なら、あなた自身はもちろん、あなたの部下もすぐに行動に移せるのではないでしょうか。

以上、今回も無事に、「わかる」だけでなく、「動ける」レベルまで解像度を上げることができました。「紙1枚」書いてみるというアクションは毎回同じなので、カンタンに活用できるイメージがさらにわいてきていれば嬉しいです。

――「じゃあ辞めます」と即答されかねない時代だからこそ

ところで、まだ2つのフレーズの解像度を上げただけですが、1点ケアしておきたいことがあります。

ここまで読んでみて、特に上司の立場にある方々の中には、「そうまでして噛み砕いて伝えないと動けないのか？」「こんなレベルまでケアする必要なんて本当にあるのか？」と感じている人もいるかもしれません。

もしそうなのであれば、まずは自分が新人だった頃のことを思い出してみてください。また、前述した通り、多くのビジネス書は、必ずしもすぐに行動に移せるようには書かれていません。そうした本を読んだ際に感じたフラストレーション等も、このようなレベルまで解像度を上げる重要性について、納得する一助としてみてください。

12年以上にわたる社会人教育の現場経験から言えることとして、このレベルで**解像度を上げて説明しないと全く動くことができない、もっと言うと、動く気になってくれず、頑なに行動しようとしない**。そんなビジネスパーソンが、年々増えてきているという実感があります。

動けない（というより、そもそも動く気がない）部下を見て、「それくらい自分で考えろ」「いい年して甘えるな」「やる気の問題だ」「そこまで面倒みれるか」等々、一蹴したくなる気持ちは、私にもよくわかります。

ですが、現代はそのセリフを言い放った瞬間、場合によってはハラスメントになってしまうような時代です。あるいは、「じゃあ辞めます」と言われてしまうほどに売り手市場の時代でもあります。

もちろん、人材育成上の観点から言えば、どこまで解像度を上げて伝えるかは、最後はケースバイケースです。

ですが、少なくとも「こうやってほんの数分だけ紙に書いてみれば、手を動かしてカンタンに行動できるよ」というところまでは、解像度を上げて説明できるようにしておく。プレイヤーとしてもマネージャーとしても、キャリアのどこかでこうした力を身につけておくべきだというのが、本書の問題意識・スタンスです。

——「1枚」は応用多彩なフレームワーク

本項を終えるにあたり、今後、実際に「紙1枚」を書く際の解像度を、もう少しだけ上げておきます。

たとえば、「紙に書き出すなんてめんどくさい、頭の中だけでやりたい」という人もいるかもしれません。もしそう感じるなら、手元のスマホやタブレットにあるスケジュールを見ながら、今回紹介した３つの質問を重ねていく。これだけでも実践は可能だと思います。

ただ、**デジタル完結で行き詰った時は、紙に書いてリカバリーする**。その力自体は、やはり身につけておいた方がベターです。最低限で構いませんので、本書の手法を身につけることにもリソースを割いてください。

加えて、近年は「紙１枚の有用性自体は理解したが、それでも紙に書くことにはどうしても心理的抵抗がある」という人も増えてきています。

もし、あなたもそう感じているのであれば、**本書で紹介している「１枚」フレームワークを、デジタル上で作成してもらっても構いません。**

巻末の「あとがき」内のＱＲコードから、本書で紹介している全ての「紙１枚」図版をダウンロードできるようにしておきます。パワーポイントファイルの形式でプレゼントしますので、自分用に加工して好きに使ってください。

そして、本項に限らず、「行動」編で作成する「1枚」フレームワークに関しては、読者さんの数だけ様々な応用があり得ます。

- やることがいっぱいあるので、もっとフレームの数を増やしてみる
- 3つでは絞りきれないので、自分でやる時は質問を5つ重ねてみる
- 「やること」ではなく、「TODO」「タスク」「必要事項」等、自分がしっくりくる表現に変えて埋めていく

この本で紹介する「解像度上げ」の例を参考にしつつ、あなた自身や、あなたの周りの人たちが実際に「動ける」段階までいけるよう、自分なりに解像度を上げ続けていってください。

ここまでやれば、「何をしたら良いかわからない」「動けない」「仕事を停滞させてしまう」といった悩みを、確実に解消していけるはずです。

何より、その過程であなたや周囲の言語化力、説明力、行動力等の源泉となる「解像度上げ」の力を、根本から底上げすることが可能になります。

それでは、次の言葉へと進みましょう。

３つ目の頻出フレーズは**「うまくまとめる」**です。

曖昧フレーズ

03

うまくまとめる

類似フレーズ

「次の会議までにうまくクリアしておいてね」

「要点だけを端的にお願いします」

「簡潔明瞭にわかりやすく頼むよ」

「もう少し理解しやすくなるように説明してくれる？」

「時間がないから、ポイントだけ絞ってよろしく」

身近な曖昧フレーズを取り上げながら、本書ならではの「解像度上げの技術」について、一通り学んでもらうことを意図した「基本」編。

最後となる３つ目は、**「まとめる」**を選びました。

「はじめに」で書いた通り、かつて私自身もフリーズしてしまった言葉です。

上司への報告・連絡・相談時の資料やプレゼンのスライド、等々。

文書をつくったり、あるいはホワイトボードに記入したりしながら、私たちは様々な内容を日々「まとめて」います。

ただ、「何をどうしたらまとめたことになるのか」がわからず、気づけば何日も停滞してしまう……。過去にそんな経験をしたことがある人も、きっと多いのではないでしょうか。

あるいは、あなたから部下に「まとめておいて」と指示を出した後、いつまで経ってもアウトプットがない……。催促してみたら、逆に「まとめ方がわかりません」と言い返されてしまった……。

そんな時ほど、ぜひこれから学ぶ内容を参考にしてみてください。

「理解＝わかる」編

――「まとまっていない」状態とは

これまで同様、今回もまずは「紙1枚」に書き出して、目で見ながら解像度を上げていきましょう。図9を見てください。

私自身、かつて非常に悩まされたフレーズだったこともあり、今回は15個全てのフレームが埋まりました。ただ、モレなく記入することが目的ではないという点については、前述の通りです。

どうやって埋めていったのかについては、今回も3つのアプローチを駆使しています。まずは、「反対から考える」の部分にフォーカスしてみましょう。

「まとめる」という言葉の反対、すなわち「まとまっていない」状態とは何だろ

図9 「まとめる」の「紙1枚」①

2/21 まとめるとは？	短時間で説明＆理解できるようにする	大切な部分＝ 要点とは？ 本質？ 本質とは？	What＝課題 Why＝原因 How＝対策 を考え抜けばOK
要約する＝ 要点を集約する	反対は？ 説明にも理解にも 時間がかかる	たとえば… 原因より根本原因 対策案より実施案 課題より最大課題	どのレベルまで 考え抜く？ ポイント3つに 絞り込めるまで
絞り込む	Not 何個も列挙、 過剰に箇条書き	より根本的な ところまで 考え抜く、絞り込む	トヨタの場合、 資料を「紙1枚」 にまとめる過程で おのずと実践
取捨選択する	情報量が多くない but 大切な部分は網羅	網羅性は？ トヨタの資料はどれも What、Why、Howの 3つで構成	これもフレーム ワーク化できれば、 誰でも実践可能に

うかと考えてみることで、**「何個も列挙しない、過剰に箇条書きしない」**といった言葉が浮かんできました。図9の3行目・2列目のところに書かれている**「Not何個も列挙、過剰に箇条書き」**がその箇所です。

確かに、ポイントが10個も20個もあるような資料は、やはり「まとまっていない」と言わざるを得ません。

しかしながら、実際にはフォントを小さくし、文字がびっしりと何十行も敷き詰められた資料をよく目にします。「資料に収めた」という意味では「まとまっている」のかもしれませんが、「まとめてくれ」という指示の意図は、決して「小さくして全部詰め込め」ではないはずです。

できるだけ**「文章量や要素、ポイントを減らしていく」**。

ここが、「まとめるって、そういうことじゃないんだけどな……」と言われないための、最初の大切な条件になってきそうです。

引き続き、「反対から考える」アプローチで解像度上げをやってみましょう。

「まとめる」の反対である「まとまっていない」状態についてさらに考え続けていく中で、**「説明や理解に時間がかかってしまう」**という言葉を見出すことができました。実際、「時間」の観点も「まとめる」という言葉の解像度を上げていくうえでは大切な条件になるのではないでしょうか。

「どうか簡潔明瞭に頼みます」「もうデッドラインだから、要点のみを端的に言って」「詳細はいいから、大事なことだけ教えてください」、等々。

日常のやりとりと違い、仕事上のコミュニケーションには常に対価として給料が発生しています。したがって、できるだけ効率的に、最短時間で伝えるべき内容を伝え、相手に伝わる必要がある。

これが、プライベートではない「ビジネス」コミュニケーションの大前提であり、だからこそ、「まとめる」という言葉の条件として、**「短時間で理解してもらえる状態にする」**という要素も必須になってくるわけです。

―「まとめる」の3条件

ここからは、**「具体と抽象を行き来させる」アプローチ**も活用してみましょう。

「まとめる」を別の言葉に言い換えてみると、たとえば**「要約」**であり、「要約」とは**「要《かなめ》を約す」**。

したがって、**「〝要〟点を集〝約〟する＝まとめる」**と言い換えられそうです。

では、抽出し集約すべき「要点」とは何なのか。

これについて具体化していったのが、図9に書いてある「課題より**最大課題**」

「原因より**根本原因**」「対策案より**実施策**」といったフレーズになります。

大切な部分＝
要点とは？
本質？ 本質とは？

たとえば…
原因より根本原因
対策案より実施案
課題より最大課題

より根本的な
ところまで
考え抜く、絞り込む

網羅性は？
トヨタの資料はどれも
What、Why、Howの
3つで構成

問題にしろ原因にしろ対策にしろ、たくさんある候補からできるだけ根本的なものに絞り込むこと。あれもこれも伝えずに、考え抜いた内容だけを報連相（報告・連絡・相談）すること。

以上を踏まえれば、「まとめる」とは、次の3つの条件を満たすことだと言えるのではないでしょうか。

- 条件① 文章量や要素、ポイントを減らすこと
- 条件② 短時間で理解してもらえる状態にすること
- 条件③ 要《かなめ》となる内容のみに絞り込むこと

この3条件をクリアすれば、「まとめる」というフレーズを達成できる。

本書ではこのように解像度を上げることで、認識を深めてみました。

もちろん、他の条件を加えることは可能です。

ですが、これ以上「あれも、これも」とポイントを追加してしまったら最後、まさに「まとめる」ことから遠ざかってしまいます。

この後の**「行動」編のことも念頭に置くのであれば、あまり数を増やさない方がアクションに移しやすいという点で賢明**です。そこで、本書ではこの3条件に絞って、解像度上げを次の段階へと進めていきます。

「うまくまとめる」とは

「要点のみ」に絞り込み、「説明する量を減らし」、「できるだけ短時間で理解してもらえる状態」にすること

「行動＝動ける」編

——トヨタで学んだ「まとめる」技術

さて、「理解」編を通じて、「まとめる」ために考慮するべき条件を3つに絞り込むことができました。いったいどうすれば、こうしたポイントをクリアして実際に「まとめる」ことができるのか。

実は、このことをどこよりも体現している企業が、トヨタでした。

序章でも少しだけ触れましたが、トヨタには**仕事にまつわる資料を「紙1枚」にまとめる文化**があり、この「紙1枚」資料を作成できるようになると、自動的に「まとめる」ことを実践できてしまうのです。

図10をご覧ください。

図10　トヨタで作成していた「紙1枚」資料の例

これは、トヨタ勤務時代に私が実際に作成していた資料の実例です。

一見して、**「条件①量を減らす」**＆**「条件②短時間で」**をクリアできていることが、すぐに伝わるのではないでしょうか。

実際、どの資料も、各枠内の情報量としてはポイント３つ程度に収まっていますし、そもそも「紙１枚」だけなので説明にも時間はかかりません。


ただ、報連相を聞く側の「理解」としてはどうなのか。

この点に関してここからさらに解像度を上げたいのが、**「条件③要《かなめ》となる内容のみに絞り込むこと」**です。

トヨタで働く人たちが日々作成している資料を注意深く観察した結果、どの資料も**「What」「Why」「How」という3つの疑問を解消するように作成**されている。こうした共通点を、独自に見出すことができました。

当時、少なくとも１０００枚以上の書類を見比べてあれこれ研究していたのですが、最終的にはこの３つの疑問詞でグルーピングすることが、最も感度の高い切り口だったのです。

――「3つの疑問詞」でグルーピング

まず「What」は、**「具体的には？」「現状は？」「詳細は？」**といった項目を指します。**「具体的なイメージ」**がわけばわくほど理解が深まる。そんなタイプの疑問を解消する要素です。

次の「Why」は、**「なぜ重要？」「そもそもの経緯は？」「原因は？」「どうしてやりたいの？」**等々。これは、時間軸でいうと**「過去＝これまで」**に関する不明点を解消する切り口だと捉えてみてください。

最後の「How」は、「Why」の反対です。すなわち、**「未来＝これから」**発生する不明点を解消するような疑問・ツッコミが該当します。**「で、どうするの？」「今後のスケジュールはどうなってるの？」「予算や発注先はどうやって決めていくつもりなの？」**等々。言い回しはバラバラですが、いずれも今後に関する疑問点になっていることを確認してください。

以上、「What」「Why」「How」という3つの疑問を解消できる状態にしておけば、企画書だろうと報告書だろうと、どんなタイプの資料ならびに説明であっても、必要最低限の時間で要点を理解してもらえるように「まとめる」ことができます。いくつか例を挙げておきますので、さらに認識を深めていってください。

○会議等の報告における要点
。なぜ、集まったのか？＝Why？
。何を話し、何が決まったのか？＝What？
。で、どうする？＝How？

○企画の提案における要点
○なぜ、この企画をやりたい？＝Why？
○企画の概要、内容は？＝What？
○どうやって実現していく？＝How？

○キャリア面談における要点
○これまで何をしてきたか？＝What？
○今後はどうしていきたいか？＝How？
○その理由は？＝Why？

大切な部分＝ 要点とは？ 本質？ 本質とは？	What＝課題 Why＝原因 How＝対策 を考え抜けばOK
たとえば… 原因より根本原因 対策案より実施案 課題より最大課題	どのレベルまで 考え抜く？ ポイント3つに 絞り込めるまで
より根本的な ところまで 考え抜く、絞り込む	トヨタの場合、 資料を「紙1枚」 にまとめる過程で おのずと実践
網羅性は？ トヨタの資料はどれも What、Why、Howの 3つで構成	これもフレーム ワーク化できれば、 誰でも実践可能に

以上を踏まえ、図9の「紙1枚」の後半部分に、**「トヨタの資料はどれもWhat、Why、Howの3つで構成」**といった言葉を書いておきました。改めて右半分を掲載しておきますので、各フレームに書かれている内容を理解するつもりで、以降を読み進めていってください。

問いに答えるだけで〝勝手にまとまる〟

ここまでの話を、ヒトコトでまとめてみます。

「要点のみを集約する」とは、「3つの疑問を解消する」こと。

これで、3つの条件全てについて、より解像度がクリアになりました。

あとは、これをすぐに実行可能なアクションに落とし込めばOKということになります。色々な方法があり得ますが、たとえば図10の「紙1枚」資料を、自身の資料作成時にマネしてもらうことで実践が可能です。

ただ、「図10のような資料は、うちの会社では受け入れてもらえそうにない」「資料作成以外の場面でもできる例を知りたい」という読者さんも多いと思いますので、その場合は図11の「紙1枚」を活用してみてください。

この例は、私自身の仕事紹介を題材にしたまとめです。「1枚」フレームワークの枠組み（線の引き方）自体は今回も同じだという点を、まずは確認してください。変わっているのは、緑ペンの部分です。

まず、図11の左部分にある**「P1?」「P2?」「P3?」**は、**「ポイント1つ目、2つ目、3つ目」**という意味で追記しています。この指定は、**情報量や要素を「3つ以内に収めるための制約」**だと捉えてください。

図11　「まとめる」の「紙1枚」②

2/21 仕事紹介	具体的には？	なぜ広めてる？	どう広めてる？
P1 ?	「紙1枚」資料作成法	コミュニケーション苦手な人↑↑↑	作家として：ビジネス書を執筆
P2 ?	「紙1枚」プレゼンテーション	思考整理力を鍛える機会↓↓↓	教育者として：研修・講演等に登壇
P3 ?	「紙1枚」会議術	「デジタル化」の進展	オンライン動画学習コミュニティを主宰

一方、上段に追加で記載した**「具体的には？」「なぜ広めてる？」「どう広めてる？」**はそれぞれ、**「具体的に＝What」「なぜ＝Why」「どう＝How」**に対応しています。つまり、この「1枚」フレームワークに収まるように記入していけば、「3つの疑問を解消」するように「まとめる」ことが可能になるわけです。

資料の提示が不要なコミュニケーションであれば、こうした「紙1枚」に基づいて報連相するだけでOKですし、資料が必要な場合も、図10のようなフォーマットにこの「1枚」フレームワ

図12　企画提案の「1枚」フレームワーク

X/XX 海外向け ホームページの リニューアル企画	なぜこの企画を やる必要がある？	リニューアル内容の ポイントは？	どうやって実現？
P1 ?	現状は 場当たり的に運営	ホームページの 運営目的を明確化	期限は来年3月末 までに公開
P2 ?	英語版の 位置づけが不明瞭	目的達成に必要な コンテンツを 取捨選択	3社コンペで 発注先を決定
P3 ?	来期から海外展開を 強化するという 全社方針	必要に応じ 新規コンテンツを 作成・追加	予算は 2パターンで想定

ークの内容を転記し、詳細情報のみ追記していく。そうすれば、あっという間に「紙1枚」資料をあなたも作成することができます。

事例として、企画提案の「1枚」フレームワーク（図12）と、それをベースにした「紙1枚」企画書（図13）を掲載しておきますので、参考にしてください。

なお、この「紙1枚」資料の例についても、巻末の「実践サポート」からダウンロードできるようにしておきます。

図13 「紙1枚」企画書

○○部長殿、ホームページ関係部署各位

20XX年X月X日
web推進グループ

ホームページの英語版リニューアルに向けて

青ペン記入部分に対応

P1? に対応

1. リニューアル目的

要点	詳細
① 現状は場当たり的に運営	・現状の英語版ホームページ(HP)は日本語ページの運営の片手間で行われている ・予算が余っている時、部分的に英訳している状況
② 英語版の立ち位置が不明瞭なまま	・「どこの企業も、英語版のページくらいもっていて当然」という程度の出発点のまま、現在に至る →戦略的意図が見えず、HPの位置付けが曖昧
③ 来年から海外展開を強化という全社方針	・今後は、海外展開を積極化する方針が決定(XX年8月) →方針に沿う形で、英語版HPの早急な見直しが必要

P2? に対応

2. リニューアル内容

要点	詳細
1) HP運営目的の明確化	・今後の海外展開の強化は、法人領域に限定した話 ・国内市場のようにBtoC市場をメインとする必要はない →英語版HPは法人向けのHPとして抜本リニューアル!
2) コンテンツの絞り込み	・HPの対象が日本語版とは大きく異なるため、法人向けに必要なコンテンツのみをピックアップし、後は削除 ※例:「会社概要」は残すが、「商品一覧」は削除、等
3) 新規コンテンツの制作・追加 ※必要な場合に限り実施	・法人向けに新コンテンツが必要な場合は、新規に制作を検討 ※現状のコンテンツ一覧は別添を参照 ・必要な場合に限り実施、予算を最小化

P3? に対応

3. 今後の進め方

要点	詳細
a) 期限:来年3月末までに公開	・来年度のスタートとなるXX年4月以前にリニューアルを完了 ・新年度の社長プレゼン時に、このトピックを加えてもらう(法人営業担当への周知徹底も兼ねて)
b) 3社コンペで制作会社を決定 ※品質とコストの両面で精査	・過去に日本企業の海外版HPを多数制作した実績をもつ3社を選定し、コンペを実施 ・2カ月以内に発注先を決定(オリエンを早急に実施したい)
c) 予算は2パターンを想定: ・新規コンテンツなし:200万円以内 ・新規コンテンツあり:300万円以内 ※日本語版は当時500万円で制作	・新規コンテンツの要否についてはコンペでの各社提案も踏まえて判断したい ・年度内に完成できる範囲内で、発注金額を最終判断

「簡潔明瞭に」「要点のみを短時間で」「サクッとまとめて」といった言葉に出会った時、具体的に何をどうしたら良いかわからなくなったら……。

ぜひ今回の「まとめ」をフル活用してください。

──「動けそうにない言葉」、いっぱい集めました

第1部「基本」編は、これにて完了です。ここまで、まずは典型的な3つの曖昧フレーズを選んで、本書がやろうとしていることを丁寧に解説しました。

より正確に言えば、**各項の類似フレーズ5つも加えれば、この段階ですでに18個の曖昧な言葉について、理解を深め、行動できるレベルまで解像度を高められた**ことになります。

ここから先の第2部「実践」編でも、同じように「理解」編と「行動」編の2部構成で様々な言葉の解像度を上げていきますが、突入前に1点だけ。

本書で取り上げた言葉は全て、**「現場の生の声」**です。

1万5000人以上の様々な業界・職種・年次のビジネスパーソンと日々交流しながら、それらを問わず多くのケースに当てはまるような**「曖昧でよくわからない、あるいは動けない言葉」**を、これまでに数多くストックしてきました。
あなたが見聞きしたことのあるフレーズも、きっと数多く登場するはずです。

以上を前提に、ここから先の第2部「実践」編については、ランダムに読んでもらっても大丈夫なように書いておきました。改めて「もくじ」ページを参照しながら、自分に必要そうなところからさっそく役立てていってください。

第2部

言葉の
解像度を上げる
「実践」編

曖昧フレーズ

04

お客様の立場で考える

類似フレーズ

「全ては、ユーザー視点で考えることからスタートだよ」

「もっと顧客に寄り添って活動してください」

「相手の側から考えてみれば、どうすればいいかわかるよ」

「消費者目線で対応していくことを徹底してください」

「合言葉は、カスタマーファーストで！」

「理解＝わかる」編

なぜカスタマー〝以外〟を優先してしまうのか

「お客様の立場で」「顧客目線で」「カスタマーファースト」等々。

接客の仕事をしている人はもちろん、組織で働いている以上、誰とも関わらない、あるいは、誰のことも気にしなくて良い。

そんな、「自己完結」の仕事観はあり得ないはずです。

だからこそ、こういった言葉について改めてじっくり向き合っていきましょう。

なお、第2部からは基本的に、「理解」編の「紙1枚」の掲載を割愛します。書き方自体は、第1部で紹介した3つのフレーズで十分に理解できたはずです。自分なりに同じような「紙1枚」を作成しつつ、以降を読み進めていってください。

それと、これから「実践」編に突入するにあたって、最後にもう一度だけ。第1部の「基本」編で紹介した解像度上げのアプローチを再掲しておきます。もう覚えることはできたでしょうか。次の3つです。

- 解像度を上げる技術① 反対から考える
- 解像度を上げる技術② 具体と抽象を行き来させる
- 解像度を上げる技術③ 英語に置き換える

まずは「反対から考える」アプローチを使って、解像度を上げてみましょう。

「お客様目線で考えることができていない状態」について考えてみると、たとえば**「自分や自社の都合でしか考えていない」**といった言葉が出てくるのではないでしょうか。

また、「具体と抽象を行き来させる」アプローチで色々な別の言葉に置き換えていく中で、そもそも**「お客様」とは誰なのか？**という問いが生まれてきました。自分が扱っている商品やサービスの対象顧客はどんな人物で、何を感じ、考えているのか。こうした部分について、具体化したくてもできない＝曖昧だからこそ、お客様目線で考えることが難しいわけです。

最後に、第1部の「基本」編では一例しか紹介できなかった「英語に置き換える」アプローチもやってみます。

本項の冒頭で、「お客様目線」の類似フレーズとして**「カスタマーファースト」**という頻出のビジネス用語を紹介しました。

この言葉を改めて深く味わってみると、私たちにはついつい**「カスタマーではないものの方をファースト＝優先してしまう」**傾向がある、ということを含意したフレーズだと気づけるのではないでしょうか。

「カスタマーではないもの」とは、前述の通り「自分や自社の都合」であり、なぜそちらを優先してしまうのかといえば、お客様や、あなたの成果物の受け取り手が何者なのかという点がボヤけてしまっているから。**自分や自社と同じような「親近感」や「臨場感」を、相手に抱くことができない**からなのではないでしょうか。

以上、ここまでの「解像度上げ」の結果を、次のようにまとめておきます。

「お客様の立場で考える」とは

「自分、自組織、自社優先」となってしまう現実を直視したうえで、少しずつお客様にも「親近感」を抱いていくこと

「行動＝動ける」編

──松下幸之助が大切にした「順番」

ここからは「理解」編で深めた認識をベースに、さらに「動けるまで」解像度を上げていきましょう。今回は、この部分を執筆していて改めて強調したくなった、「ある人物からの学び」を紹介させてください。

私は2018年に、**『超訳より超実践──「紙1枚！」松下幸之助』**（PHP研究所）という本を上梓しました。

タイトル通り、**パナソニック創業者・松下幸之助さんの思想や哲学、働き方を、「紙1枚」書くだけで実践・習慣化できるようにするという画期的なコンセプトの本**だったのですが、今回フォーカスしたいのは、松下幸之助さんもまた、「お客様第一」を唱え続けた経営者だったという点です。

一つだけ、同書籍で引用した言葉を本書でも引いてみたいと思います。もともとは**『商売心得帖』**（ＰＨＰ研究所）という本に出てくる言葉です。

商品をお客様にお買いいただくということは、自分の娘を嫁にやるのと同じことで、そのお得意先と自分の店とは、新しく親戚になったことになる。かわいい娘の嫁ぎ先がお得意様であるということになると思うのです。

そう考えますと、そのお得意先のこと、またお納めした商品の具合などが、おのずと気にかかってくるのではないでしょうか。

「言い回しが何とも昭和だなあ……」と感じた読者さんも多いであろうことは重々承知のうえで……。それでも、私はこの文章に、令和になっても引き続き重要な実践的叡智が含まれていると考えています。

注意深く味わっていきたい最大のポイントは、**「まずは商品、それからお客様」**

という「順番」です。

「理解」編で認識を深めた通り、どれだけ「お客様目線で」と言われても、現実的にはなかなか相手に親近感や臨場感を抱くことができない。その結果、どれだけ「カスタマーファースト」と連呼されても、自分ファースト・自社ファーストになってしまう。

これが偽らざる実態なのではないでしょうか。

一方、普段から取り扱っている商品やサービス、あるいは自身の担当業務であれば、これは自社ファーストのままです。お客様よりも身近に感じやすいはずですし、愛着を見出すことも、相対的に容易なのではないでしょうか。

どれだけ「カスタマーファーストで！」と口うるさく言っても、あるいは言われても、本音としては何も心が動かない……。あるいは、経営者として口酸っぱく「お客様の立場で」と社員に伝え続けても、暖簾《のれん》に腕押し状態で現実が一向に変わってこない……。

そんな悩みや相談を受講者さんからいただく際（本当に多いです）、私はこの松下幸之助さんのアプローチを紹介するようにしています。

すなわち、まずは**「自社の製品やサービス、自身の仕事に愛着を見出すことから始めませんか」**と。

そうすれば、**その製品やサービス、仕事の成果物を受け取る相手のことも、自然と「気にかけられる」、というより「気になる」ようになってくる。**

これが、松下幸之助さんが残してくれた「お客様目線」の真髄、本質、解像度の到達点であり、最も現実的・実用的な捉え方なのではないか。

――手を動かして初めて生まれる感情がある

私は以前からこのような認識のもと、「お客様目線」を次のような「紙1枚」で実践し続けています。図14を見てください。

図14　「お客様の立場」の「紙1枚」

2/22 扱う商品、サービス、業務のどこが好き？	○○○	お客様の声は？ 自身の成果物の受け手の声は？	○○○
○○○	○○○	○○○	○○○
○○○	○○○	○○○	○○○
○○○	○○○	○○○	○○○

枠組み自体は、第1部の「基本」編で紹介したものと全く同じです。「テーマ＝何について書くか？」という緑ペンの記載内容のみが変わっています。左半分・右半分に分けて確認するようにしてください。

まず、左半分7つのフレームには、自身が扱う商品やサービス、あるいは自身の担当業務についてのキーワードを書き出していきます。

「なぜ、その商品やサービス、仕事が好きなのか？」「どんな点を誇りに思うのか？」「何を味わってほしいのか？」

等々について考えていく意図なので、「第1フレーム」に書く言葉は、自身がしっくりくる表現に書き換えてもらって構いません。

記入時の最大のポイントは、**「あなたの感情が動くかどうか？」**です。

実際、特に感情が動いたキーワードに、赤ペンで丸をつけてみてください。図14のように、1つだけでなく複数囲んでも構いません。

理屈の上での強みや、スペック面でのストロングポイント以上に、あなた自身が強くそう思うことや感じていることを、この機会に言語化していきましょう。

こういった「想い」で書き出していけば、しだいにその商品やサービス、業務に対する愛着を見出していくことができます。

ただ腕を組んで頭の中で考えるのではなく、紙を見て、手を動かして体験レベルでやるからこそ、そうした心境が生まれてくる。第1部「基本」編の01「当事者意識をもつ」でも同様の話をしましたが、実際に「紙1枚」に書き出してみて、ぜひこのことを体感してください。

左半分の記入を終えたら、今度は図14の右半分を見てください。**「お客様の声は？」**というテーマを立て、できるだけ顧客の立場になって書き込んでいきましょう。

これまで何人かの受講者さんにこの「紙1枚」を書いてもらったことがあるのですが、いきなり「お客様の声は？」あるいは「あなたの成果物を受け取った相手の声は？」というテーマで書き出してもらうよりも、**「はるかに記入しやすくなった！」**という声を多数もらってきました。

お客様の声は？ 自身の成果物の 受け手の声は？	○○○
○○○	○○○
○○○	○○○
○○○	○○○

一方、あまりたくさん埋められなかったというケースもありましたが、ある受講者さんからは**「今すぐお客様のところに行って、話を聴いてみたくなりました！」**と言われ、実際にすぐに取引先に飛んで行った人もいるくらい

です。

これだけの行動変容が生まれれば、「行動できるレベルの解像度上げ」としては、充分すぎるくらいの成果と言えるのではないでしょうか。

まずは自身でその効果を体感してもらい、実感できたなら、ぜひ周囲にもこの**〝「紙1枚」お客様第一〟実践法**を紹介してみてください。


以上、「お客様目線で」と言われて、困ってしまったことがある人。

「そんなフレーズもう聞き飽きた」といって、何も感情が動かなくなっている人。

こうした言葉を部下に伝えても、何も現実が変わらず歯がゆく感じている人、等々。**「カスタマーファースト」を空虚な標語・流行り言葉レベルで済ませない**ためにも、今回の「紙1枚」が良いきっかけとなってくれれば嬉しいです。

曖昧フレーズ

05

視野を広くもつ

類似フレーズ

「大所高所から物事を判断していってください」

「考え方が狭すぎるよ、もっと拡げて考えてみなよ」

「視点が毎回一緒だなあ、もう少し別の捉え方もできないと」

「何も見えてないなあ、こういう観点で考えてみたことある？」

「局所的にしか捉えてないから、問題に気づけないんだよ」

「理解＝わかる」編

——「視野」の3つの切り口

社会人教育の世界で受講者さんからいただくご質問やご相談として多いフレーズの一つに、「視野」に関するものがあります。

「ちょっと視野が狭いな」「さすがに目線が低すぎる」「お前は何も見えてない」、等々。同じようなフレーズでアドバイスをされたり、逆に相手に言ってしまったりしたことがある人も多いのではないでしょうか。

もし、あなたが実際に「言ってしまったことがある」側なのであれば、一つ質問をさせてください。

「視野を広くする」とは、どういう意味なのでしょうか。

ぜひ、第1部の「基本」編で紹介した「紙1枚」を書くなどして、自分でもひとしきり解像度上げをやってから、以降を読み進めていってください。その方がより早く、自身の能力を高めていくことができます。

さて、3つのアプローチを駆使し、自分なりに解像度を上げてみてクリアになったことは、**「視野という言葉は、3つの切り口で整理ができる」**という点です。

1つ目は、**「空間」的な「視界を広く」**です。

これは文字通り、「場所を変えてみる」タイプの視点移動だと捉えてみてください。「日本ではこうなっている、**では米国ではどうか？**」「西日本支社からこのような声が上がっているが、**東日本支社はどうか？**」「自部門では問題となっているが、**他部門・他部署ではどうなのか？**」等々。

空間・場所を変えてみることで、視野を広げていく。こういった捉え方で解像度を上げていけば、理解が深まり、実践にもつなげやすくなるのではないでしょうか。

このように、今回は「具体と抽象を行き来させる」アプローチを主に活用していきました。そのうえで、具体化によって出てきたキーワードを改めて3つにまとめた1つ目が、この「空間」的な視点となります。

2つ目にいきましょう。次は、**「時間」的な「視線を遠く、長く」**です。

「短期的にはそう見えるかもしれないが、**中長期的にはどうか？**」「週単位では当てはまりそうだが、**月や季節が変わっても同じことが言えるのだろうか？**」等々。

私たちは、ついつい短期的に、あるいは特定の時点のみで物事を思考してしまいがちです。だからこそ、このような「時間」軸による視野の捉え方も大切になってきます。

「空間」と「時間」。この2つで「視野を広くもつ」の解像度上げとしては十分とも言えそうですが、もう1つだけ。「第3の目」を加えてみたいと思います。

３つ目は、**「人間」的な「目線を多く」**です。

「自分としてはそうだが、**相手も同じことを考えているとは限らない**」「自社としてはそれで良いかもしれないが、**業界としても同じか？**」「発注元としての意向はわかったが、**発注先の側はどう思っているのか？**」、等々。

視界や視線に比べてより人間的な切り口になるので、「視点」ではなく「目線」という言葉を選びました。

以上、「もっと視野を広くしなければ！」「いろんな観点で考えられるようにならないと！」と念仏のように唱えているだけでは、残念ながら現実は何も変わりません。かといって、あまり数を増やすと実用性が下がってしまうため、こうやって３つ程度にまとめることで、実際に仕事で活用できるレベル感の解像度を達成していきましょう。

──「正しいかどうか」より「現実的かどうか」

ちなみに1つ補足をしておくと、解像度を上げながら別の言葉に置き換えていく際、辞書的に正しいかどうかは気にしなくて大丈夫です。

本書で紹介している方法を練習し、習慣化していく最大の目的は、読者さん自身や周囲の人たちが曖昧な言葉への認識を深め、実際に仕事に活かしていくことにあります。国語的に正解かどうかは必ずしも重要ではありません。どうか**「現実にワークするかどうか」**を最優先にして取り組むようにしてください。

一方で、ネット上で類語を検索したりしながら、さらに別の言葉に置き換えられないかとトライしてみること自体は、もちろん有効です。面白そうだと感じた人は、ぜひ実際にやってみてください。他にも「視点」「視座」「スパン」「スケール」「スコープ」といった言葉が見つかり、様々な置き換えが可能だとわかってくるはずです。

それでは、「理解」編でたどり着いた認識を次のようにまとめ、「行動」編へと進んでいきましょう。このように、できるだけコンパクトかつ本質をついた言葉で解像度を上げておけば、自分で使う時に頭からカンタンに取り出せますし、人に説明する際にもわかりやすく伝えることができます。

こうした言葉のストックを、これからたくさん増やしていってください。

「視野を広くもつ」とは

「空間＝視界＝スケールを広く」
「時間＝視線＝スパンを遠く、長く」
「人間＝目線＝スコープを多く、複数もっておく」
という3つの観点から考えること

「行動＝動ける」編

――「頭を動かす」ために「手を動かす」

「理解」編で、「視野の広げ方」を3つに整理しました。

あとはこの思考回路を、日々の仕事で実践すればOKなのですが……。

残念ながら、「思考回路＝頭の動かし方」は目に見えず、手で触って動かしたりすることもできません。

したがって、スポーツや楽器の練習のように、手応えや実感を得ながら繰り返して身につけるということが非常に難しくなります。

ましてや、自分以外の他者に1回アドバイスし、それだけで相手がすぐに実践できると期待するなんて、無茶な話なのではないでしょうか。

図15　「視野」の「紙1枚」

2/23 広い視野で考えるために	空間軸：他社？ 他部門？ 他国？ 等	時間軸：過去は？ 季節変動は？ 等	人間軸：お客様は？ 取引先は？ 等
	○○○	○○○	○○○
	○○○	○○○	○○○
	○○○	○○○	○○○
	○○○	○○○	○○○
	○○○	○○○	○○○
	○○○	○○○	○○○
	○○○	○○○	○○○

こういった**思考習慣のようなケースでこそ、より積極的に「1枚」フレームワークを活用**していきましょう。

部下の指導や人材育成の際にも、「こう考えてみて」と伝えるだけで済ませるのと、「こんな風に書いて考えてみてください」と伝えるのでは、相手の受け取りやすさが全く変わってきます。

以上を前提にして、図15を見てください。

今回は、3つの軸を一覧できるようにした方が実践しやすくなるため、フレームの数を増やしています。

具体的には、**緑ペンでヨコ線を4本追加**で引いてください。そうすることで、**フレーム数を32個に増やす**ことができます。

枠組みの書き方として今までと異なる点は、ここだけです。

なお、「たくさん線を引くのが面倒だ」ともし感じるのであれば、巻末の「実践サポート」からデジタル版をダウンロードして活用してもらっても構いません。

この「紙1枚」で注目してほしいのは、一番上の段です。

「理解」編で解像度を上げた**「空間」軸、「時間」軸、「人間」軸に関する問いが、緑ペンであらかじめ記載**してあります。

まずはこの「紙1枚」を見ながら、自身の担当業務について**「どの軸なら視野を広げられそうか？」**と考え、実際に青ペンで記入してみてください。今回は左から順番にではなく、空間、時間、人間のそれぞれの軸のうち、書けるところから埋めていけばOKです。

その後、埋められた分だけで構いませんので、各軸の記載内容を見比べ、特に重要だと感じたものを赤ペンで囲んでいきましょう。こうした**手を動かす＝身体動作を通じて、「複数の視点から検討する」という思考回路を確実に鍛えていくことができる**。これが、この「紙1枚」を紹介する最大の意義です。

――自分の考え方の「偏り」を客観視できる

実際、この「紙1枚」を何枚も書き続けていると、しだいに自身の思考の傾向や視野の偏りが見えてきます。

たとえば、「時間」軸で視野を広げることは得意だが、「空間」軸で「他業界や他国はどうか？」と考えることは、今までほとんどやっていなかった……。こういった気づきを得ることができるはずです。

さらに踏み込めば、この例の場合、もし上司から「もっと視野を広く」と言われたとしたら、それは「時間」軸ではなく「空間」軸や「人間」軸で視野を広げる思考習慣が必要だということを意味します。

つまり、この「紙１枚」を日々参照しながら仕事をすることで、**自分の視野の偏りや得意・不得意を客観視できる。あるいは、周囲から「もっと広い視野で」と言われた時に、それが何を意味しているのかを判断するための解像度上げに役立てることも可能になる。**こうした実践で役立つ、行動レベルで使えるパワフルな「紙１枚」として活用できるのです。

以上、自分自身が使うのはもちろん、あなたの周りにいる「もっと広い視野で働けるようになってほしいな」と感じている人にも、ぜひ今回紹介した「紙１枚」を手渡してあげてください。そして、「動ける」解像度という本書の世界観・醍醐味を、自己完結ではなく一緒に体感していきましょう。

曖昧フレーズ

06

周知徹底する

類似フレーズ

「大事な話なので、しっかり共有しておいてください」

「同じことを繰り返さぬよう、認識を徹底していきましょう」

「上からの話は以上です、あとは定着をはかってください」

「知らなかった、認識が甘かったでは済まされません」

「1回メールだけして、それで仕事したって言えると思う？」

「理解＝わかる」編

──「知らなかった」じゃ済まないから

「大切な内容なのでしっかり周知してください」「認識の徹底が大事だ」等々、組織で働いていると、個人というよりは会社から（より身近な言い方をすれば「上から」）、このような指示が降ってくることがよくあります。

いったい何をどうしたら、周知徹底したことになるのでしょうか。

メールを1通サクッと送れば、それで責任を果たしたことになるのか。

後日、「そんなメール見た覚えないんだが」と上司から言われてしまった場合、それは上司が悪い、受け取り側の自己責任だということで良いのでしょうか。

めんどくさがって、とても「徹底」とは言えないレベルの雑な周知で済ませる

人も多い一方で、いざ自分が認識を徹底させる側になった時によく感じていたのは、「もっと考えるべきこと、やれることがあったのではないか」という不完全燃焼感です。私自身、このような「周知を」「認識の徹底を」といったフレーズにモヤモヤすることが多かったのですが、ここまで読んでみていかがでしょうか。

あなたも、同じような違和感を抱いたことはあるでしょうか。

いずれにせよ、そもそも「周知徹底」というのはどういう意味なのかについて、この機会に改めてじっくり考えていきましょう。

まずは、「理解」編です。

実際に解像度上げをやってみると、今回は「反対から考える」アプローチが有効だと見えてきました。「周知徹底ができていない」状態、あるいは「周知徹底が不十分だと何がマズいのか？」について考えてみましょう。

たとえば、「え、そんなこと知らなかったんだけど……」「今頃になって言われても、もう手遅れです……」という人が現れてしまう。そのことによって仕事が停滞したり、場合によっては契約自体がご破算になってしまったりする……。あるいは、相手に迷惑をかけ、取り返しのつかない損失が発生してしまう……等々。

最後は仕事内容によってケースバイケース、と言ってしまえばそれまでですが、ともかく大なり小なりこういったリスクを避けるべく、私たちは周知徹底をしていきたいわけです。

――誰に、どのレベルで、いつまでに

となると、「周知徹底」をするためには、少なくとも次の３つの要素を検討する必要があるのではないでしょうか。

- ○周知の「範囲」＝「どこまで、誰に」徹底する必要があるのか
- ○徹底の「深さ」＝「どのレベルで、何を目的に」徹底する必要があるのか
- ○周知の「期限」＝「いつまでに」徹底する必要があるのか

1つ目は、周知する**「範囲」**という観点です。

実際、仕事をしていると「これはどこまで、誰まで知らせるべきなのか？」という「範囲」が不明瞭なまま、指示だけが降ってくるケースが多々あります。

課長レベルなのか、係長レベルなのか、それとも担当者も含めた全員なのか。

部門全体を指すのか、それとも特定の部署やグループだけなのか。

全社員が対象なのか、派遣社員さんや出向者さんは除外なのか、等々。

何も明示されることがなく、ただ「認識の徹底を」という言葉だけが降ってきた時は、**「誰に知っておいてもらわないとマズいのか？」**を、まずは明確にすること。

あるいは、**「誰に知られるとマズいのか？」**という逆からのアプローチで考えてみることで、範囲を明確化しやすくなることもあります。

2つ目は、周知徹底の「徹底」の方にフォーカスした**「どのレベルで、何を目指して周知するのか？」**という**「深さ」**の観点です。この点についても、「具体と抽象を行き来させる」アプローチなどで解像度を上げてみた結果、最終的には、実用性の点から3つの段階で整理できました。

- 周知徹底レベル① 知ってもらえばOK
- 周知徹底レベル② 理解してもらえばOK
- 周知徹底レベル③ 行動を変えてもらえばOK

レベル①は、「こういうことがあった、決まった」といった、情報をただ**「知ってもらいさえすればOK」**なのかどうか。

なぜそのような決定が下ったのか、**「背景や経緯も含めて理解してもらう必要がある」**のか。これが、レベル②に該当します。

加えて、わかってお終いではなく、情報を受け取った相手に**「行動を変えてほしい」**のかどうか。これがレベル③です。

最初のレベル感なら、メールを1回（もしくはタイミングを分けて複数回）送ったり、資料を配ったりするだけでOKという判断もあり得ると思います。

一方、理解や行動変容も促していきたい場合は、たとえば説明会を開催したり、それが大変なら、せめて説明動画を収録してオンラインで配信したりする必要等も出てくるはずです。

加えて、動画を実際に見て内容を理解しているか、行動が変化しているかどうかを確認するために、後日アンケートを実施してみるといったことも、場合によっては必要になってくるかもしれません。

レベル③までの徹底をやろうとすると、正直かなり大変です。リソースもたくさん必要になります。だからこそ、あらかじめどのレベル感で徹底するのかという「深さ」の観点からの検討が必須になってきます。

さて、「周知徹底」という言葉への認識を深める最後のキーワードは、時間的な**「期限」**の観点です。

「誰に」同様、**「いつまでに」**も曖昧なまま「とにかく周知を」という指示が降ってくるケースは多々あるため、自分なりに期限を設定していく必要があります。

また、「期限」を広く「時間」として捉えれば、**「どういう順番・流れ・タイミング」**で伝えていくのが最適なのか、**「個別ではなく一度に、一斉に」**やってしまった方が良いのかといった問いについても、この観点から言語化していくことが可能です。

以上、「周知徹底」というフレーズは曖昧なまま使われることが大半であるため、少なくとも「範囲＝対象の広さ」「深さ＝伝達のレベル感」「期限＝時間・順番・タイミング」といった3つの観点から、個々の状況に合わせて解像度を上げていく。

そうすれば、適切な対応ができる場面を今より増やしていくことができます。

「周知徹底する」とは

「範囲」「深さ」「期限」の3つの観点から
どうやって伝えていくかを具体化することで、
安易に、適当に済ませないこと

⇧「行動＝動ける」編

——シンプルかつ重宝するフレーム

今回は「理解」編の段階でかなり実践を念頭に置いた解像度上げができました

ので、「行動」編では、ここまでの内容をシンプルに「紙1枚」にまとめてみました。

図16のような「紙1枚」に記入していけば、周知徹底について3つの観点から検討するアクションをさっそく実践することができます。

左から解説していくと、まず**「対象範囲は？」**の欄に、実際に伝えるべき対象者の名前を青ペンで記入していってください。記入例としては、**「今回は課長まででOK」「派遣社員も含む」「主要な取引先にも共有したい」**といったフレーズを書いていけばOKです。

次の**「深さは？」**の欄には、「理解」編で解像度を上げておいた3つのレベル感について、あらかじめ記載してあります。**「今回のケースはどれだろう？」**と考えながら、該当するものを赤ペン（赤ペンがなければ手持ちのペンで構いません）で囲むようにしてください。

図16　「周知徹底」の「紙1枚」①

2/24 対象範囲は？	深さは？	期限は？ 順番は？	どう周知 していく？
○○○	知ってもらえばOK	○○○	○○○
○○○	理解まで必要	○○○	○○○
○○○	行動してもらう 必要あり	○○○	○○○

３つ目の**「期限は？」「順番は？」**については、「いつまでに」という明確なデッドラインがある場合は、**「来週までに」「今期中に」「○○常務との定例会議までに」**といった言葉を青ペンで記入していきます。あるいは、伝えるべき順番や一斉にやった方が良いといった観点でも書くべきことがあれば、残りのフレームに埋めていってもらって構いません。

最後に、右端のフレームを埋めていきます。

3つの観点での検討を踏まえ、「実際にどう周知徹底していくのか？」についてのまとめを、赤ペンで記入していってください。

例としては、**「メールを今週と来週、月末の3回送付」「1月中に説明会を最低2回実施」「週明けの全体会議の場で時間をもらって課長全員へ説明」「その後、各課員に課長から説明」**といった言葉を書いていけばOKです。

以上、シンプルな「紙1枚」ですが、「周知徹底してください」という指示が明解に降ってくることはほぼないため、かなり日常的に重宝します。次にこのフレーズが聞こえてきたら、さっそく当てはめて解像度上げを実践してみてください。

――相手に「行動を促せる」伝え方

加えて、もし**「どうやって伝えれば、行動変容にまでつながるような説明ができるのか？」**という点で困ってしまった時は、図17のような「紙1枚」を追加で作成してみてください。

図17　「周知徹底」の「紙1枚」②

2/24 行動変容まで カバーした伝え方	周知したい 内容は？	なぜこの内容が 重要？ 背景は？	今後に向けて どうしてほしいか？
P1 ?	○○○	○○○	○○○
P2 ?	○○○	○○○	○○○
P3 ?	○○○	○○○	○○○

これは、第1部「基本」編の03「まとめる」で紹介した「紙1枚」と同じで、「What」「Why」「How」3つの疑問を解消するように構成してあります。

最初の**「周知したい内容は？」**が「What」、**「なぜこの内容が重要？ 背景は？」**が「Why」、**「今後に向けてどうしてほしいか？」**が「How」です。

こうしてまとめてみると、「深さ」の観点で検討した「知ってもらえばOK」が、主に「What」部分に該当する。

そんな捉え方に気づけるのではないで

しょうか。

すると、**「理解もしてほしい」**場合は「Ｗｈｙ」も含めて伝える必要があるし、**「行動を変えてほしい」までカバーしようとするなら、最後の「Ｈｏｗ」までが必須**ということになるわけです。

周知徹底する内容が行動変容までを含んでいる場合は、ぜひこの「紙１枚」も組み合わせて活用していってください。

以上、右端の「どう周知していく？」の欄にいきなり記入するのではなく、少なくとも事前に３つの観点から検討しておく。

そうするからこそ、**「直接なのか、間接なのか」「個別なのか、一斉なのか」「１回なのか、複数回なのか」**といったことについて、自分なりに考えをまとめていくことができます。その結果、放置せず、雑に済ませることもなく、それでいて迅速に動けるようにもなってくる。

本項の冒頭でも書きましたが、「周知徹底」は「最低限のことだけやったら、あとは受け取り側の自己責任」となってしまいがちなフレーズです。

一方で、あなたも私も、誰もが日々忙しく過ごしています。「1回だけ伝えておけば、それでもう自分の責任は果たした」で済むケースは、とりわけ**相手に行動変容まで求めるような場合、不十分であることがほとんど**です。

誰もが面倒だからといって安易に処理してしまいがちな言葉だからこそ、こういった「紙1枚」も活用しながら行動できるレベルで解像度を上げ、適切な対応を積み重ねていきましょう。

もちろん、どんな時も毎回書こうとまで言うつもりはありません。

ただ、雑な周知、全く徹底になってないレベル感の「周知徹底」ばかりになってしまっているなと感じている人ほど、今回の解像度上げの結晶であるこの「紙1枚」を、積極的に記入してみてください。

COLUMN 1

「動詞」から「動作」へ

本書は、「理解」編と「行動」編の2部構成がシンプルに続いていく流れになっているため、読み物としてのメリハリをつけるべく、フレーズを3つ扱うごとにコラム的な文章を挿入しておきたいと思います。

本書が刊行されるタイミングからちょうど10年前、2015年の2月に、私は初めて本を世に問うチャンスを得ることができました。

『トヨタで学んだ「紙1枚!」にまとめる技術』（サンマーク出版）というタイトルだったのですが、この本はその年の月間ビジネス書ランキングで1位（7月）、年間ランキングでも4位を獲得する結果に恵まれました。電子書籍や海外翻訳（5カ国）、その後に文庫化された分も含めると28万部超。当時はまだ平成でしたが、令和になった今でも、この本の感想をいただくことがあります。

この10年間、多くの読者さんが「響いた」とおっしゃってくださる内容には、「ある共通点」がありました。どの感想にも必ずといっていいほど、**「動詞と動作」**という言葉が出てくるのです。

これはいったいどんな話だったのかというと、私は本の中で**「動詞」**と**「動作」**という2つの言葉について、次のような定義で使い分けをしていました。

○動詞：その表現を見聞きしただけでは、身動きがとれない言葉
○動作：その表現を見聞きしただけで、すぐに行動に移せる言葉

そして、「動詞」の例として「目的を意識する」「優先順位をつける」といったフレーズを挙げていたのですが……。本書をここまで読み進めてくださった読者さんであれば、これでもうピンときているのではないでしょうか。

そうです。

本書でいう**「曖昧フレーズ」にあたる言葉が「動詞」、「動けるレベルまで解像度を上げた言葉」が「動作」に対応**しています。

2025年は、私にとって作家活動10周年の節目の年です。

そこで、**この10年間、読者さんから最も多くの反響があった「動詞と動作」の話に特化し、それだけで1冊本を書いてみよう。**

こういったコンセプトで誕生したのが、本書です。

当時はまだ、「解像度」という言葉は一般的ではなかったのですが、その後ビジネスの現場で頻繁に使われるようになり、ビジネス書の世界でも「解像度」をテーマにした本がベストセラーとなる現象が起きました。

このような時勢も踏まえ、以前は「動詞から動作へ」と謳っていたところを、「解像度を上げる」という、より令和的な言葉で再定義して打ち出すことにしたのです。

当時、「動詞と動作」の話に感激してくださった人はもちろん、この本で初めて私の存在を認識した新規の読者さんにも、より新鮮なカタチで受け取ってもらえるのであれば嬉しいです。

曖昧フレーズ

07

徹底的に考え抜く

類似フレーズ

「たっぷり考える時間はあったと思うけど、それでこの資料なの？」

「こんなんじゃ話にならないよ、もっとよく考えて！」

「寝ても覚めても、この案件で頭がいっぱいになるようにしないと」

「考えが浅い、薄い、甘い！　もう少し深く考えてから持ってきてね」

「それで終わり？　それ以上はもう何も考えられない？」

「理解=わかる」編

――「考え抜く」について考えてみる

今回のフレーズは私自身、とりわけ社会人になって間もない頃によく悩んでいたものです。当時の私は、上司からよく**「もう少し深く考えられるようになろう」「もっともっと考え抜かないと」「寝ても覚めてもこの件について考え続けてしまうくらいでないと、担当者としては失格だな」**といったことを言われていました。

ただ、そのたびに、私の頭の中では**「いったい何をどうしたら、深く考えたことになるんだろう?」「そもそも、考え抜くってどういうこと?」**といった疑問が浮かんでいました。ここまで読んでみて、読者さんの中にも、同じような状態に陥ったことがある人がいるのではないでしょうか。

「考え抜く」という言葉自体について考えてみる。それがこの項のテーマです。

といっても、これから何か哲学的な話をしたいわけではありません。

今回、「考え抜くとは？」というテーマで改めて解像度上げをやってみて出てきたキーワードは、いずれもトヨタ勤務時代に学びとったものばかりでした。

というのも、トヨタでは「考え抜く」ということについて、しっかり定義されています。新入社員当時の私は、その本質をまだまだ深く理解できておらず、目の前の業務に当てはめて活かすことができていなかっただけでした。

次のまとめは、トヨタで学んだ仕事の核心を、私なりにできるだけシンプルに要約したものです。

そもそも、仕事とは「問題解決」である。

したがって、仕事とは「何が問題か？」「なぜ問題が発生しているのか？」「どうすれば問題を解決できるのか？」の3点について考え続けること。

また、問題を解決するべく行動し続けることである。

こうした知見をベースにすれば、「考え抜く」とは、常に**「問題解決」**について考え続けることであり、問題解決という言葉の解像度を上げていけば、それは**「問題」「原因」「対策」**の３つについて考え続けることを意味します。

──なぜ、「Ｗｈａｔ」「Ｗｈｙ」「Ｈｏｗ」の３つなのか？

さて、ここで１つ思い出してほしいことがあります。

第１部「基本」編の03で「まとめる」について扱った際、「Ｗｈａｔ」「Ｗｈｙ」「Ｈｏｗ」という３つの疑問詞を紹介しました。

カンタンに振り返っておくと、トヨタの「紙１枚」資料の内容は、どの項目も「Ｗｈａｔ」「Ｗｈｙ」「Ｈｏｗ」のいずれかに分類可能であり、この３つの疑問を解消するように報連相できれば、それで十分に「まとめる」を実践したことになる。

以上が要点だったわけですが、実はこの話のルーツは、トヨタが仕事＝問題解決と定義している点と関係してきます。

○何が問題？　　　＝Ｗｈａｔ？
○なぜ、問題が起きた？＝Ｗｈｙ？
○どうやって対処する？＝Ｈｏｗ？

仕事＝問題解決と定義されている以上、業務にまつわる資料がどれも「Ｗｈａｔ」「Ｗｈｙ」「Ｈｏｗ」をカバーした内容になってくるのは、当然の帰結というわけです。

加えて、第１部の「基本」編でこの話を扱った際、「課題より**最大の課題**」「原因より**根本原因**」「対策案より**実施策**」といった言葉も紹介しました。

課題にしろ原因にしろ対策にしろ、たくさんある候補からできるだけ根本的なもの、現実的なものに**「絞り込み」**をする必要がある。

その後、第１部の「基本」編では、「Ｗｈａｔ」「Ｗｈｙ」「Ｈｏｗ」にのみフォーカスしましたが、**「考え抜く」という観点では「絞り込む」も極めて重要なキーワード**です。第２部「実践」編では、この点を深めていきます。

私は2022年に『**トヨタで学んだ「紙1枚!」で考え抜く技術**』（日本実業出版社）という本を上梓しました。タイトル通り、本項のテーマである「考え抜く」について1冊丸ごと解説した本なのですが、その最高密度の要約として、次の文章を引用しておきます。

「考え抜く」とは、

・「1枚」の紙に「フレーム」を書き「テーマ」を決めて埋めていくことであり、

・「テーマ」は「What?／Why?／How?」を解消するように設定し、

・「拡げる」と「絞る」を繰り返しながら、「フレーム」内を埋めていく

1つ目に書いてある「1枚」「フレーム」「テーマ」といった言葉は、いずれも

本書で学んでいる「１枚」フレームワークのことを指しています。

また、２つ目の２Ｗ１Ｈについても、この本で学んだことと同じ内容だと捉えてもらって問題ありません。

今回フォーカスしたいのは、最後の行に記載した**〝「拡げる」と「絞る」を繰り返す〟**という言葉です。

この点については、実際に「紙１枚」に書き出したものを見てもらいながら解説した方が数段わかりやすくなるため、さっそく「行動」編に進みましょう。

「徹底的に考え抜く」とは

「Ｗｈａｔ・Ｗｈｙ・Ｈｏｗ」について、

「拡げる」と「絞る」を繰り返すこと

「行動＝動ける」編

──「拡げる」と「絞る」を繰り返す

「拡げる」と「絞る」を繰り返すことで考えを深めていく、「考え抜く」とは、いったいどういうことなのか。

「視野を広くもつ」の項でも書きましたが、「考え抜く」といった目に見えない思考回路を取り扱う際は、より積極的に〝「紙1枚」にまとめてみる〟というアクションを活用するのが効果的です。

具体的には、図18のような「紙1枚」を書くことで実践が可能となります。

今回はフレーム数32の「紙1枚」を使っていきます。4×4のフレームを作成した後、さらに4本ヨコ線を引いていけば、図18と同じ枠組みの完成です。

図18　「考え抜く」の「紙1枚」①

2/25 考え抜く題材	問題は？	原因は？	対策は？

なお、この例は私がサラリーマン時代に担当していた「会社のウェブサイト運営業務」が題材となっています。

まずは図19のように、現状のウェブサイト運営の**問題点（何が問題か＝What）**を青ペンで書き出していきましょう。

読者さん自身が実践する際は、自分の担当業務に関する課題を、思いつく限り（最大7つ）記入していってもらえばOKです。

その後、**特に重要な問題、あるいは**

図19　「考え抜く」の「紙1枚」②

2/25 サイト運営のカイゼン	問題は？	原因は？	対策は？
	ユーザー目線のサイト構成になっていない		
	日本語版の英訳であり、グローバル向けのサイトになっていない		
	タイムリーで意図的な更新ができていない		
	ユーザー不在のサイト運営が常態化		
	PDCAを回せていない		
	専門的知見をもった人材がいない		
	マネジメントの重要性認識が一致していない		

緊急性の高い問題は何かと考え、該当するものを赤ペンで囲んでいきます。

このように、**青ペンで書き出すプロセスが思考を「拡げる」に該当し、一方の赤ペンで囲むプロセスは思考を「絞る」に該当**するわけです。

続いて、図20を見てください。

絞り込んだ問題点（この例の場合、「タイムリーで意図的な更新ができていない」が該当）について、今度は**原因（なぜ問題が起きているのか＝Why）**を青ペンで書き込んでいきます。

まずは思いつくままに、できるだけ

図20 「考え抜く」の「紙1枚」③

2/25 サイト運営のカイゼン	問題は？	原因は？	対策は？
	ユーザー目線のサイト構成になっていない	行き当たりばったりで更新している	
	日本語版の英訳であり、グローバル向けのサイトになっていない	更新業務が標準化されていない	
	タイムリーで意図的な更新ができていない	頻度や費用、所要時間の振り返りが不十分	
	ユーザー不在のサイト運営が常態化	専任担当者がおらず片手間で対応	
	PDCAを回せていない	外注先に丸投げ	
	専門的知見をもった人材がいない	運営目的がそもそも曖昧	
	マネジメントの重要性認識が一致していない	人によって運営目的の認識にムラあり	

たくさん「拡げ」、その後、赤ペンで矢印をつないでいきながら根本原因を「絞り」込んでいきましょう。

以下、最後の**対策（どうやって対処するか＝How）**についても、やることは基本的に同じです。図21を見てください。

まずは「対策案」を、できるだけたくさん青ペンで書き出していきましょう。

この欄の赤ペン部分については「優先順位をつける」ために○△□で囲んでありますので、やり方としては第1

図21 「考え抜く」の「紙1枚」④

2/25 サイト運営のカイゼン	問題は？	原因は？	対策は？
	ユーザー目線のサイト構成になっていない	行き当たりばったりで更新している	運営目的を議論し明文化
	日本語版の英訳であり、グローバル向けのサイトになっていない	更新業務が標準化されていない	全ての関係部署と共通認識を形成
	タイムリーで意図的な更新ができていない	頻度や費用、所要時間の振り返りが不十分	専任者、専任グループの設置
	ユーザー不在のサイト運営が常態化	専任担当者がおらず片手間で対応	共通認識づくりの会議体設置
☑まずは「あるべき姿」の議論からスタート	PDCAを回せていない	外注先に丸投げ	外部から専門家を招聘
☑明文化でき次第、共通認識づくりへ	専門的知見をもった人材がいない	運営目的がそもそも曖昧	更新業務を標準化
☑専任グループ設置をマネジメントに相談	マネジメントの重要性認識が一致していない	人によって運営目的の認識にムラあり	サイト運営のあるべき姿を策定

部「基本」編の02「優先順位をつける」の「行動」編と全く同じ手順になります。記憶が曖昧になっている人は、この機会に改めてやり方を確認しておいてください。

最後の「How」についても、まずは青ペンで思考を「拡げ」、その後は赤ペンで思考を「絞る」。そうやって最終的に絞り込んだ実施策を赤ペンで、図21の左下のフレームにチェックボックス付きで記入しておけば、あとはもう「動くだけ」というところまで解像度を上げることができます。

もちろん、実際に対策を実行に移す中で、想定外の現実に直面する場面も出てくるはずです。その時は、この「紙1枚」をもう1回書いていきます。そうやって、「考える↓実行する↓考える↓実行する」を成果が出るまで積み重ねていく。

まとめると、**「考え抜く」とは、「What」「Why」「How」の3つの疑問について、「拡げる」思考プロセスと「絞る」思考プロセスを何度も繰り返していくこと。**

これで、「考え抜く」「徹底的に考える」「深く思考する」といった言葉の解像度について、一気にクリアになったのではないでしょうか。

「考えが浅い、薄い、甘い」と指摘されても、何をしたらいいかわからず困ってしまったことがある人、あるいは「もっとよく考えろ」と部下に伝えたら、相手がフリーズして途方に暮れてしまったことがある管理職の読者さんも多いはずです。

このレベルまで解像度を上げることができれば、そんな部下でも身動きがとれるようになります。ぜひ今回の「紙1枚」を活用し、「考え抜く」という曖昧なフレーズを、「動ける」言葉として実践していってください。

曖昧フレーズ

08

会議をうまく仕切る

類似フレーズ

「打ち合わせがこじれないよう、どうか頼むよ」

「つつがなく終われるように仕切ってください」

「ファシリテーションしっかりね」

「次のミーティングもよしなに頼むよ」

「どうすればムダな会議にならないと思う？」

「理解＝わかる」編

——「ファシリテート」とは「容易にする」こと

今回は打ち合わせや会議に関する曖昧な言葉を扱っていきます。

「類似フレーズ」の例のように、**「こじれないように」「つつがなく終われるように」**といった言葉が日常的に飛び交う一方、では**「打ち合わせや会議をうまく進行するとはどういうことなのか？」**については、ブラックボックスとなっていてうまく言語化できない読者さんも多いのではないでしょうか。

今回の解像度上げに関しては「英語に置き換える」アプローチが有効だったので、そこからこの言葉への認識を深めていきましょう。

私が社会人になった２０００年代の後半頃からでしょうか。

会議や打ち合わせをうまく仕切ることについて、「ファシリテーション」という言葉が頻繁に使われるようになっていきました。

最初のうちは「ファシリって何？」という感じで、周囲に通じないことも多々あったように記憶していますが、2010年代には広く定着し、気づけば会議の進行役のことを「ファシリテーター」と呼ぶ習慣も一般化しました。

改めて深く味わってみると、**「ファシリテート」は「容易にする」という意味**をもつ言葉です。類語の「ファシリティ」は「設備・備品」という英単語ですが、これも語源から考えれば**「設備・備品＝活動を容易にする、便利にする、促進するもの」**といった意味合いになってきます。

したがって、**ファシリテーターとは、会議を容易にする人、打ち合わせが円滑に、効率的に進むようガイドしていく人**だと理解できるのではないでしょうか。

――組織にはなぜ会議が必要なのか

では、いったい何をどうすれば、会議を「容易に、円滑にする」ことができるのか。

これについては、「反対から考える」アプローチを活用してみます。

円滑ではない会議や打ち合わせとは、どんなことが起きている状態なのかについて改めて書き出してみた結果、次の3つに整理することができました。

- 「前提」が不明瞭＝「目的」が曖昧、何のために開催されたか曖昧、等
- 「姿勢」がバラバラ＝一部の人しか「発言・参加」しない、内職が横行、等
- 「時間」がかかる＝「時間」内に終わらない、結論が出ない、等

これを一文でまとめ直せば、次のようになります。

会議や打ち合わせの「①目的」を明確にし、参加者全員に能動的に「②発言・参加」してもらい、「③時間」内に目的を達成して終了する。

この3つの要素をクリアできれば、会議をうまく、つつがなくファシリテーションできたことになる。本書では、このような解像度で「うまく会議やってね」という曖昧なフレーズを把握していきます。

「行動」編に移る前にもう一つ、3つの要素の中でも特に重要な**「会議の目的」**に関する解像度を上げておきましょう。

そもそも、組織はなぜ会議・打ち合わせを必要とするのか。

私自身は、次の3つに集約して認識しています。

- 目的①「合意形成」＝何かを「決める」ために集まる
- 目的②「情報共有」＝何かを「知る」ために集まる
- 目的③「一体感醸成」＝連帯感やモチベーションを「高める」ために集まる

煎じ詰めれば、**「合意形成＝決める」「情報共有＝知る」「一体感醸成＝高める」**のいずれか、もしくは複数を同時に達成するために、会議や打ち合わせを実施する。このように会議の目的をシンプルに捉えておけば、この後の行動にもつなげやすくなります。

以上、ここまでの「解像度上げ」の結果を、次のようにまとめておきます。

「会議をうまく仕切る」とは

「会議の目的を明確化」し、参加者に「能動的に発言・参加」してもらい、「時間内に結論」を出すこと

「行動＝動ける」編

——会議の「前」に議事録をつくり始める

以上の認識をベースに、ここからは「行動」編にシフトしていきましょう。

今回も「1枚」フレームワークを活用すれば、誰でも簡単に動けるレベルの解像度で、「会議をうまく仕切る」というフレーズについて認識することが可能です。

まずは会議「前」の段階で、図22のような「紙1枚」を用意してみましょう。一見して明らかな通り、この「紙1枚」も第1部「基本」編の03「まとめる」の項で紹介した「紙1枚」と同じ枠組みです。それだけ汎用性の高いフレームワークなので、最優先で身につけていってください。

図22　「うまく仕切る」の「紙1枚」①

2/26 会議・打ち合わせ ファシリテーション	開催する目的は？	何が決まった？	今後に向けて やることは？
P1 ?	○○○	○○○	○○○
P2 ?	○○○	○○○	○○○
P3 ?	○○○	○○○	○○○

この項において重要なポイントは、会議を開催する前に、**この「紙1枚」を書き始めてしまう**という点です。

図23は、「残業削減」をテーマにした会議の例ですが、注目してほしいのは左上の第1フレームで、いきなり**「会議の議事録」**と書いてあります。

どういうことかというと、まだ**会議前の段階ですが、最終的にこの議事録を完成させるつもりで、事前に記入をスタート**してしまうのです。当然ながら、会議前の段階で記入できるのは**「なぜ開催するのか？」「会議の目的は？」という「Why」の部分だけ**になりま

図23　「うまく仕切る」の「紙1枚」②

2/26 会議の議事録	会議の目的は？ (Why?)	何が決まった？ (What?)	今後の対応は？ (How?)
P1 ?	残業削減要請の 情報共有		
P2 ?	残業削減案の議論		
P3 ?	実施策の策定		

すが、それで構いません。

明確に書ければ会議を開催してOKとなりますし、逆にうまく埋められなければ、明確になるまで開催はNGです。

こうすることで、目的が曖昧なまま会議や打ち合わせを開催するといった愚をまずは避けることができます。

とりわけ大企業で働いていると、「何のために集まっているのかよくわからない」会議体が本当に存在していて驚くのですが、そういった会議について この「紙1枚」を書いてみると、目的の欄が埋められずに困ってしまうはずです。

実際に書けることがないのであれば、そのような会議は廃止してしまいましょう。そういう点では、業務の統廃合にも使える「紙1枚」だと捉えてください。

加えて、より実践的な話をもう1つ追加しておくと、あなたの会社でもしホワイトボードを使って会議をする習慣があるのであれば、**この「紙1枚」と同じ内容を、会議室のホワイトボードに書いてしまう**方法もあります。

会議の開始までに図22と同じ枠組みをホワイトボードに作成しておき、時間になったら**「今日はここに書いてある3つの目的を達成するために集まってもらいました、30分後の会議終了時刻までに全て記入して完成させたいので、よろしくお願いします」**と言ってスタートすればOKです。

実際、私はこの手法に「1枚」会議術という名前をつけていて、2020年のコロナ騒ぎが起きる前までは、よくこのテーマで企業研修やワークショップに登壇していました。

テレワークが一般化した2020年代においても、この手法を活用することは十分に可能です。**図22をパワーポイントファイル等で作成し**（巻末の「実践サポート」からダウンロード可能です）、**画面共有しながらオンライン会議を実施すれば、全く同じような会議進行がリモートでも可能**になります。ぜひ、できそうなイメージがわいた方法で、実際に試してみてください。

──「空白」が進行をスムーズにする

ここからは、**会議「前」ではなく会議「中」の立ち振る舞い**に関する解像度を上げていきます。ホワイトボードの例をイメージすることが一番わかりやすいと思いますので、そのつもりで読み進めていってください。

「うまく仕切ってね」を体現するうえで重要なポイントは、図22のようなホワイトボードを、**タイムキーパーやガイド役として使っていく**ことです。

たとえば、会議の時間が30分だった場合、最初の20分で真ん中の「何が決まった?」を完成させるつもりで進行していきます。残り10分になってもまだ埋まっていない場合は、「そろそろ右の欄に進みたいので、真ん中を埋めてしまいましょう」といった発言をすればOKです。

非常にシンプルな進行法ですが、第1部の「基本」編で解説した通り、私たちには「空白を見ると埋めたくなる」心理特性があります。

目の前のホワイトボードが空白のままだと参加者は違和感を抱き、「このまま会議が終わっても構わない」という心境にはまずなりません。

だからこそ、あなたの発言にしたがって「じゃあ何を書こうか？」と、一丸となって考えてくれるようになります。

あるいは、雑談をすることや横道に逸れることが好きな参加者も、「このホワイトボードを完成させよう」と目の前の白板に意識を集中してくれるようになるため、関係のない話を自然と控えてくれるようになる。図22のような枠組みを見せながら会議を進行することで、そんな効果も期待できます。

実際にやってみると、効果的な手法だということがすぐに体感できるので、ぜ

図24　「うまく仕切る」の「紙1枚」③

2/26 どうしたら 残業を減らせる？	スタンディング デスクを導入	回覧資料を 1枚に絞る	テレワークOKの 業務を増やす
業務分担の 人数を増やす	仮眠OKの 時間を設ける	上司が率先して 定時に退社	AIサービスを 試験導入
出勤時間を早める	残業時間が減った グループを表彰	業務改廃の 打ち合わせを実施	
定時になったら パソコンの 電源を切る	メールシステム の一新	打ち合わせ時間の 上限を設ける	

ひ試してみてください。

さらに実践への解像度を上げていきましょう。

一部の人だけでなく、できるだけ全員に積極参加してもらうための工夫として、自分の考えを「紙1枚」に書いてまとめてもらう方法があります。

30分の会議の、ほんの3分程度で構いません。いきなり「意見はありますか？」と発言を募るのではなく、まずは自分の意見を図24のような「紙1枚」にまとめてもらうのです。この程度の「紙1枚」であれば、その場で数分ほどの時間をとれば、誰でもカンタンに作成できると思います。

この「紙1枚」を会議参加者に作成してもらったうえで意見を求めれば、いきなり話してもらうよりもはるかに発言がしやすくなるはずです。参加者が多い場合は、まずは隣の人と見せ合ってもらうなどしてワンクッション挟むと、さらに発言しやすい環境づくりが可能になります。

「いつも一部の人しか話してくれない」「他の人が話しにくいと感じている」といったことでうまく進行できずに悩んでいる場合は、こういったアクションもぜひ組み合わせてみてください。

「1枚」で会議後のアクションも明解に

最後の仕上げです。

一通り意見が出揃ったら、特に多かったものを中心に3つ程度まで絞り込み、ホワイトボードの「何が決まった？」の欄に記入していきましょう。

その後、残り時間を使って右端の**「今後の対応は？」**の部分を埋めていけば、会

図25　「うまく仕切る」の「紙1枚」④

2/26 会議の議事録	会議の目的は？ (Why?)	何が決まった？ (What?)	今後の対応は？ (How?)
	残業削減要請の 情報共有	強制退社を実施	来週から20時 消灯をスタート
	残業削減案の議論	早帰りDayを設定	水曜を定時退社 にしてトライアル
	実施策の策定	一部業務の 改廃を検討	各業務の所要時間 をリスト化

議のための会議＝その場で話して、それで満足するだけの会議ではなく、**会議が終わった後のアクションにもつなげていける。そういったムダにならない会議を量産**していくことができます。

なお、会議終了「後」は、**完成したホワイトボード（図25）の写真を撮って参加者に共有すれば、改めて議事録を作成する必要はありません。**

あるいは、リモート会議で同様のパワーポイントファイルを画面共有しながらこの「紙1枚」を完成させた場合、チャットでこのファイルを参加者に送ってしまえば、同じく議事録作成の業務はもう不要です。

以上、本書が提唱する「1枚」フレームワークをうまく活用すれば、「名ファシリ、頼むよ!」といった会議進行に関する曖昧なフレーズについて、ここまで解像度を上げて実践することが可能になります。

「1枚」会議術は、これまでに多くの受講者さん、読者さんから感謝の声をもらってきた、シンプルかつパワフルな手法です。

部分的にできそうなところからで構いませんので、次の打ち合わせや会議からさっそく取り入れていってください。

曖昧フレーズ

09

臨機応変に対応する

類似フレーズ

「是々非々で判断しながら、うまく進めていってください」

「色々あると思うけど、その都度しっかり対応していってね」

「柔軟に動けるようにしておかないと、あとで困るよ」

「フレキシブルに考えて適切に行動してください」

「どうしてそんなに杓子定規な考え方しかできないんだ!」

「理解＝わかる」編

臨機応変とは、曲げられること

どれだけ時間をかけてスケジューリングやダンドリを行ったとしても、仕事が予定通りに進むとは限りません。いざ蓋を開けてみれば、想定外の様々なトラブルが発生し、そもそも日本は自然災害が多いため、環境要因によるリスケ・予定変更も頻発します。

だからこそ、私たちは日々仕事をしている中で、**「臨機応変に」「フレキシブルに」「先手先手で」「リスクも踏まえて」**といった言葉について、頻繁に見聞きするのではないでしょうか。

とはいえ、いったい何をどうすれば「臨機応変」の４文字を実践できたことになるのか。やはりこれも、一度はじっくり向き合って解像度を上げておくべきフレーズだと言えそうです。

今回、解像度上げを実際にやってみて真っ先に浮かんだのは、「臨機応変」の英訳にあたる**「フレキシブル」**という言葉でした。「英語に置き換える」アプローチです。さらに深めてみると、この英単語のルーツには**「フレックス＝曲げる」**といった意味があります。

したがって、**「臨機応変とは、曲げられること」**。

とはいえ、これだけではまだまだ解像度が低いままなので、引き続き「反対から考える」アプローチも組み合わせてみましょう。

すると、「臨機応変」の逆として**「杓子定規に考える」**や**「四角四面な対応」**といった言葉を見出すことができました。確かに、いずれも「硬直」していて、「曲げる」ことは難しそうです。

さらに、「具体と抽象を行き来させる」アプローチでも言い換えを探ってみます。具体的には、いったい何を固定化せずに、フレキシブルに曲げていくのか。

もちろん、当初の予定や想定、スケジュールといったものを、「時と場合に応じて曲げる＝変更」していくことになるわけですが、様々な言葉に置き換えていく中で、しだいに「臨機応変」を実践するための重要な条件が見えてきました。

私が書いた「紙1枚」には、「臨機応変」の言い換えとして「想定外に対応」という言葉が記載してあったのですが、**想定外に対応するためには、当然ながら「まずは想定すること」が必須**になってきます。

ところが、実際にスケジュールやダンドリ、今後の流れについて検討している読者さんや受講者さんの話を聴いてみると、**基本的には「何も起きない前提」で想定をしている人がほとんど**というのが実態です。

それで本当に「想定した」と言えるのでしょうか。

何かが起きること、それに対してどうするかという打ち手についても、あらかじめ考えておくこと。

ここまでやって、ようやく「想定した」と言えるのではないでしょうか。

――「曲がった見立て」を立てておく

本項の冒頭に書いた通り、仕事をしていると色々なカベにぶつかり、停滞したり頓挫したりしてしまうことが多々あります。

であるならば、そうした現実や実態に即したカタチで、すなわち、「曲がった」ダンドリや見立てを、最初から立てておけば良いのではないか。

「曲がった＝曲線的な想定」とは、たとえば「プロジェクトを進めていく中で、どんな問題が発生しそうか？」「仕事のデッドラインまでに何か起こるとすると、どういったトラブルやリスクがありそうか？」といったことについて、当初段階から考える習慣をつけていくこと。

最大のポイントは、決して**「何も起きないという前提＝直線的な想定」にはしないという点**です。

糸口が少なくて最初はどうなることかと思いましたが、今回もどうにか解像度を上げることができました。まとめると、次の3行で「臨機応変」への認識を深めていくことが可能です。

- 「臨機応変」とは、直線的に考えず、「曲線的に想定」すること
- 「曲線的に考える」とは、あらかじめ「カベ」や「打ち手」を想定すること
- 余裕がある当初段階で曲線的に想定するからこそ、慌てず対応できる

これについては、自社で開講しているスクールでも学んでもらう機会があるのですが、多くの受講者さんから「この発想はなかった」「目からウロコだった」「言われてみればその通りだが、今まで全く意識できていなかった」といった感謝のコメントをもらい続けています。

それでは、ここまでの解像度をベースに「行動」編へと進んでいきましょう。

「臨機応変に対応する」とは

「余裕がある仕事の初期の段階」で、「何が起きそうか」「どう対処するか」をあらかじめ想定してから、業務に臨むこと

「行動＝動ける」編

――「カベ」と「打ち手」を想定する

「理解」編で見出した「臨機応変」のキーワードは、**「曲線的」「カベ」「打ち手」**

図26　「臨機応変」の「紙1枚」①

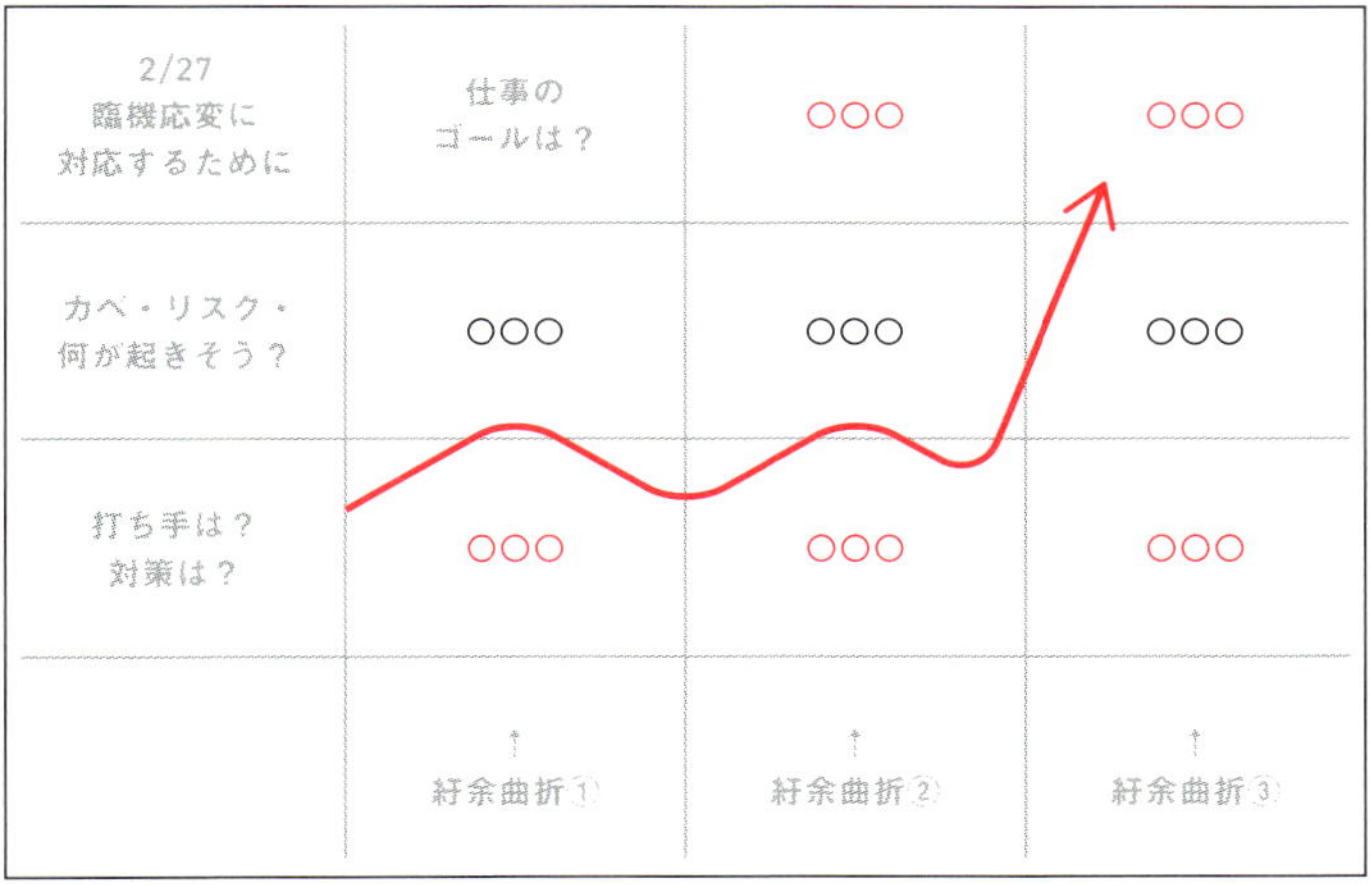

2/27 臨機応変に対応するために	仕事のゴールは？	○○○	○○○
カベ・リスク・何が起きそう？	○○○	○○○	○○○
打ち手は？対策は？	○○○	○○○	○○○
	↑紆余曲折①	↑紆余曲折②	↑紆余曲折③

といったものになります。これをどう行動できるレベルの解像度まで上げていくか。

残念ながら、「こういったキーワードが大事だ」と言っているだけでは、なかなか実践は難しいはずです。

そこで、あなた自身や、あなたの周囲の人たちが手を動かして行動できるレベルの一例として、次のような「紙1枚」を考案してみました。

図26を見ながら、以降を読み進めていってください。

今回の「紙1枚」も、基本的な枠組

みはこれまで通り4×4のフレームで構成してあります。ただ、図26を見てほしいのですが、本項に関しては緑ペンでかなり書き足しました。何を追記したのかについて、これから1つ1つ丁寧に意図を説明していきます。

まず、左端の1列目に記載した**「打ち手は？　対策は？」**と**「カベ・リスク・何が起きそう？」**の2つが、**「理解」編で見出した「打ち手」「カベ」に対応**しています。

一方、一番下の行には**「紆余曲折①／②／③」**と追記しました。これは要するに、一番上の行に記載する**「仕事のゴール」**に向けて、**3つほど起き得るリスクと対策をあらかじめ考えておこう**といった意味合いで記載しています。ただ、毎回①②③の3つ全てを埋める必要はありません。**1つでも「山あり谷あり」を想定できればもうそれで十分**というくらいの前提で捉えるようにしてください。

これらの要素について記入することで、赤い矢印で象徴的に示したような**「曲線的に想定すること」**を実践できるようになるわけです。

図27　「臨機応変」の「紙1枚」②

2/27 臨機応変に対応するために	仕事のゴールは？	新しい企業ホームページを公開	期限は12月10日まで
カベ・リスク・何が起きそう？	制作進行の遅れ	制作コスト増による予算超過	人事異動等による担当者交代
打ち手は？対策は？	全ページ一斉公開ではなく一部のみ公開	他業務からの予算充当について経理担当と折衝	救援者も即応できるよう口頭で済ませず記録を徹底
	↑ 紆余曲折①	↑ 紆余曲折②	↑ 紆余曲折③

なお、この赤い曲線は説明用に追記したものなので、実際に自分で記入する際は書く必要はありません。巻末の「実践サポート」からダウンロードできるデジタル版「紙1枚」にも赤い曲線は入れてありますが、意図さえ理解できれば削除してもらっても大丈夫です。

以上を踏まえ、図27の実例を見てください。

この「紙1枚」は、**「会社のウェブサイトをリニューアル公開する業務において、これからどんなリスクが想定されるか？」**という問いに対して記入されています。

まず、「仕事のゴールは？」の欄を先に埋めてしまいましょう。この例では、「新しい企業ホームページを公開」「期限は12月10日まで」と記してあります。

続いて、「カベ」の欄（青ペンで記入）については、左から**「制作進行の遅れ」「制作コスト増による予算超過」「急な人事異動や、感染症等による突然の担当者交代」**の３つを、リスクとして想定しました。

最後に、生じ得るトラブルに対する「打ち手」の欄を、赤ペンで記入していきましょう。ここには同じく左から、**「一斉公開ではなく部分公開」「他業務からの予算充当」「救援者も即応できるよう記録を徹底」**といったアイデアを、あらかじめ記入しておきました。

これで、直線的ではなく曲線的な、すなわち、最初から紆余曲折を前提にしたダンドリを想定することができたわけです。

有事になってからの「臨機応変」は困難

この解像度で実践することの最大の意義は、問題が起きてから、有事になってから「どうしよう」とあたふたするのではなく、**まだ余裕がある平時の時にあらかじめ想定しておく点**にあります。

これは以前、アマンダ・リプリーという人が書いた**『生き残る判断 生き残れない行動』**（筑摩書房）を読んだ際に深く認識した本質です。

災害大国で働くビジネスパーソンには必須の知見だと考えているため、他の拙著でも紹介したことがあるのですが、**有事の状態＝非日常に陥ってしまうと、人は誰しもパフォーマンスが下がり、臨機応変に対応したくても頭が働かなくなってしまいます**。地震に備えた避難訓練を毎年のように何度も実施する理由は、実際に地震が起きてしまうと正常な判断が難しくなり、訓練した通りにしか動けなくなるからです。

だからこそ、自身が担当する業務やプロジェクトについても、このような「紙1枚」をできるだけ初期の段階で作成しておく。

こういった「備え」をし、あらかじめ「憂いて」おけば、いざトラブルや問題が起こった際に、冷静に対処できるようになります。

まさに「臨機応変」。この言葉について、ここまで行動に移せるレベルで解像度を上げられている本は、他にはまずないのではないかと思います。

少しでも「なるほど、面白そうだ」と感じてもらえたのであれば、ぜひ自身のケースで作成してみてください。

COLUMN
2

「不要不急」を取り戻そう

どの書籍でもそうですが、私は執筆前に、扱うテーマに関する過去のベストセラーやロングセラーを一通り読むようにしています。今回、ある本のことを思い出して久々に読み返していました。

タイトルは、**『オトナ語の謎。』**（東京糸井重里事務所）。もう20年以上前に出た本です。内容としては、学生時代までは見たことも聞いたこともないような社会人特有の「謎の言い回し」が、面白おかしく解説されています。

たとえばサラリーマン時代、私に面倒な仕事を渡す際、「浅田！」ではなくなぜか「浅田選手！」と言って声をかけてくる上司がいました。さらに面倒な仕事の場合、「浅田先生！」「浅田大先生！」と、呼び方がドンドン昇格していきました。『オトナ語の謎。』ではその最上級として「御大《おんたい》」という呼称が登場していて、さすがにそこまで昇格したことはありませんでしたが、確かにこういった表現を使っているおじさん世代が職場に大量にいたので、最初から最後まで笑い転げながら読んでいました。

他にも、**「コンセンサスはとったか」「よくもんでから持ってきてね」「あの件もちゃんと落とし込まないと」**等々、本書でも取り上げた方がよさそうな曖昧フレーズのオンパレードです。今となってはさすがに死語となったものもありますが、いわゆるＪＴＣ（＝伝統的な日本企業を意味するネット用語）の職場では、まだまだ現役バリバリのフレーズが多数掲載されています。

私は当初、本書を『オトナ語の謎。』の令和版のようなイメージで、もっと面白おかしくユーモラスに執筆していこうと考えていました。

ただ、「令和のビジネス書として、このノリはちょっと無理そうだな」と感じてきたため、最終的には普段通りの文体に戻してしまいました。

今は何かにつけてタイパ・コスパが求められてしまうため、「面白いか」よりも

「役に立つか」ばかりが重視されてしまいます。「ビジネス書に面白さなんて求めてないので」「余談とかムダなので」という読者さんが大半の時代です。

「20年前に比べて、今のビジネス書には余裕がないんだなあ」ということを痛感する再読体験となりました。

ただ、これはビジネス書に限った話ではありません。

社会人教育の世界で12年以上ビジネスパーソンと接していて年々感じていることは、受講者さんたちの「余裕のなさ」です。

生産性を向上させる様々なテクノロジーが普及してきているにもかかわらず、空いたスキマに別の仕事を入れて相変わらず長時間労働を続けている……。

以前よりも、良い意味での「ムダ」や「あくび」「余白」がない長時間労働になっているわけですから、時間的余裕以上に、精神的余裕・ゆとりがさらになくなってしまうのは当然の帰結です。

本書は、ひたすら「役立つかどうか」を追求した内容になっています。実際、この本に書かれていることを実践すれば、最短効率でテキパキ仕事ができるようになっていくはずです。

だからこそ明記しておきたいことがあります。

どうか、捻出できた時間を、別の仕事で次から次へと埋めないでください。そんなことをしていたら、ますます余裕がなくなり、精神的に「不寛容」になっていくだけです。

そうではなくて、憲法25条でも保障されている通り、もっと健康で文化的なこと、すなわち不要不急なこと（趣味や推し活等）にこそ、お金や時間を使う余裕を取り戻していってほしい。そのために、本書をフル活用していってください。

曖昧フレーズ

10

良いアイデアを出す

類似フレーズ

「行き詰まっちゃったね……何か他に思いつかない？」

「なんとかブレイクスルーにつながるような妙案が欲しいんだけど」

「もっとこうクリエイティブな動きを期待してるんだが……」

「これからは弊社も創造的に働く姿勢が求められます」

「ネットもＡＩもある時代、最後はインスピレーションの勝負だよ」

「理解＝わかる」編

――解像度を上げる「第4の技術」

プロジェクトが停滞した時や、会議が行き詰まってしまった時の場面を想像してみてください。

周囲の人たちは、あなたに次のような声をかけてきます。

「ねえ、何か良いアイデアない？」「うーん、行き詰まっちゃった。どうしよう、まだ何か浮かびそう？」「こういう時にパッとひらめくようなクリエイティビティが欲しいんだけど、どうしたらいいんだろうね」等々。

こうした声に応えられるようになるために、「アイデアを出す」に関する解像度上げを、これからやっていきましょう。

ただ、実際に「紙1枚」を書いて解像度上げをやってみてわかったのですが、今まで通り3つのアプローチを駆使しようとしても、今回はあまりうまくいきません。

たとえば、セオリー通り「反対から考える」アプローチをやってみると、「アイデアに頼らず働く状態」について解像度を上げていくことになるわけですが、これ以上思考を進めることができませんでした。

そもそもアイデア自体が英語なので、「英語に置き換える」アプローチも使えそうにありません。

唯一できそうだったのが「具体と抽象を行き来させる」アプローチだったため、ともかく別の言葉に置き換えてより具体化できないか、思いつくままに書き出してみました。

アイデア、**インスピレーション**、**イノベーション**、**クリエイティブ**……。

ただ、一通りこういった言葉を「紙1枚」に埋めてはみたものの、他の曖昧フレーズの時のようには、これ以上解像度を上げていくことができませんでした。この辺りの葛藤を踏まえたうえで以降を読み進めていってほしいので、今回は久々に「理解」編で作成した「紙1枚」も掲載します。

――先人の叡智から見えてくるもの

図28を確認してもらうと一目瞭然なのですが、私が作成した「紙1枚」には、「アイデアを出す」についてあれこれ言い換えてみたフレーズ以外に、「4人の人名」が書かれています。

エジソン、シュンペーター、ヤング、ハース。

項のナンバリングも2桁に入ってきましたので、この辺りでもう1つだけ、解像度を上げるためのアプローチを追加しておきます。従来の3つの方法を駆使し

図28　「アイデア」の「紙1枚」①

2/28 アイデアを出すとは？	他は？ イノベーション？	クリエイティブ？ 創造？	
インスピレーションがわいてくること	シュンペーターの定義「新結合」	ハースの名著『アイデアのちから』	
インスパイアといえばパースパイア	ヤングの名著『アイデアのつくり方』	SUCCESsの法則	
エジソンの名言：1%インスピレーション、99%パースピレーション	アイデアとは既知の組み合わせ	これはアイデアを出した後の評価法か…	

ても行き詰ってしまった時は、これから紹介する技術にもトライしてみてください。

4つ目のアプローチをヒトコトでまとめると、**「先人の叡智を活用する」**です。

これは要するに、自分の頭の中だけで勝負できないのであれば、**本を読むなり、人に相談するなりして他の知見を仕入れ、解像度を上げるためのインプット、材料を増やしていこう**といった意味になります。

本書で紹介している解像度上げの取

り組みを、常に自己完結でやる必要はありません。ない袖は振れない以上、ある程度まで自分なりにやってみて限界を感じたのであれば、外からのインプットを増やす方に切り替えていきましょう。

たとえば、私が作成した「紙1枚」には、**「エジソンの名言：1％インスピレーション、99％パースピレーション」**と記入したフレームがあります。

これは発明王・エジソンの名言を指しているのですが、フルセンテンスを引用すると次の言葉です。

—— Genius is 1 percent inspiration and 99 percent perspiration.

この名言を、**「1％のインスピレーション＝アイデア」は、「99％のパースピレーション＝汗をかく＝努力」によってもたらされる**と理解すれば、エジソンが残してくれた洞察を活用することで、「アイデアを出す」という言葉の解像度を上げていくことが可能になってきます。

すなわち、アイデアを出すためには、**「何度も繰り返す」**ことが必要であり、そのためには**「多くの時間や余裕を捻出・確保」**しなければならない。

少なくともこの2点が、大切な要素になってくるわけです。

では、いったい何を繰り返すのか。

引き続き、「紙1枚」に記した偉人に登場してもらいましょう。

「イノベーションの父」とも呼ばれているシュンペーターは、イノベーションを**「経済活動の中で生産手段や資源、労働力などをそれまでとは異なる仕方で新結合すること」**と定義しています。従来あるものを、従来とは異なる方法で組み合わせる。ここが最大のポイントです。

あるいは、**『アイデアのつくり方』**（CCCメディアハウス）という有名な本の著者であるジェームス・ヤングは、アイデアを次のように定義しています。

——アイデアとは既存の要素の新しい組み合わせ以外の何ものでもない

両者に共通するのは、「0から1」ではないということ。あくまでも**既存のもの、すでにあるリソースの新たな組み合わせ**によって、アイデアやインスピレーション、クリエイティブな解決策が生まれてくると言っているわけです。

以上をまとめると、「アイデアを出す」という言葉には、次の3つの条件が内包されている。このように解像度を上げて捉えることが可能になります。

- ○アイデア条件①　何度も「繰り返す」こと
- ○アイデア条件②　①のために「時間や余裕を確保」すること
- ○アイデア条件③　「既存のリソースの新たな組み合わせ」を試し続けること

ちなみに、「紙1枚」にはもう一人「ハース」という人物も記載してありますが、これは**『アイデアのちから』**（日経ＢＰ）という本の著者です。

ただ、ハースの本から得られる知見は「アイデアを出した後に、その良し悪しをどう評価するか？」という観点なので、「アイデア出し」にフォーカスしている本書では取り上げません。興味があれば、実際に手に取って読んでみてください。

それでは、以上の認識を携えて、「行動」編へと進んでいきましょう。

「アイデアを出す」とは

「できるだけ多くの時間を確保」し、手持ちのリソースを駆使して「様々な組み合わせ」を試すこと

「行動＝動ける」編

――アイデア出しは「量」が全て

「理解」編で解像度を上げた通り、「アイデアが浮かぶ」ようになるためには、何はともあれ時間が必要です。

そこで、アイデア勝負の仕事ほど**「早めの着手」「準備時間の確保」が必須**となってきます。そこで有効なのが、第1部の「基本」編で扱った「優先順位をつける」に関する「紙1枚」です。記憶が曖昧になっている読者さんは、改めて02の項を読んでみてください。

あの「紙1枚」を活用して、まずはダンドリやスケジューリングといったタイムマネジメントをしっかり実践する。そして、アイデア出しのための十分なリードタイムを確保する。これが先決です。

図29　「アイデア」の「紙1枚」②

2/28 使えそうなリソースは？	○○○	○○○	試してみること
○○○	○○○	○○○	
○○○	○○○	○○○	
○○○	○○○	○○○	
○○○	○○○	○○○	
○○○	○○○	○○○	
○○○	○○○	○○○	
○○○	○○○	○○○	

以上を前提に、図29の「紙1枚」を見てください。

アイデア出しは「量や数」が重要になってくるので、4×4ではなくフレーム数32の「1枚」フレームワークを活用していきましょう。

4×4の「紙1枚」を作成した後、ヨコ線を追加で4本引いていけば、図29のような枠組みを作成できます。

この「紙1枚」の第1フレームには、**「使えそうなリソースは？」**と書かれています。文字通り、アイデア出しが必要なあなたの業務に関して、使えそうなリソースをできるだけたくさん書き出していきましょう。

人的なリソースでも、設備的なリソースでも、何でも構いません。「アイデア出し」が目的ですから、あまり制約は設けず、ブレーキもかけずに、とにかく頭に浮かんだらフレームを埋めていく。自動書記マシーンにでもなったつもりで、とにかく**「量」を重視**して書き出していきましょう。

――寝かせるとアイデアは孵化する

一通り書き出せたら、図30のように、組み合わせられそうなものを見つけて赤ペンで囲んだり線でつないだりしてみてください。

手を動かしながら考えていくからこそ、何かしら試したいこと＝アイデアが浮かびやすくなります。そうして浮かんだアイデアを右端の列に赤ペンで記入し、さっそく実際にアクションに移していく。

これで、「理解」編で認識を深めた内容について、行動できるレベルまで解像度

図30　「アイデア」の「紙1枚」③

2/28 使えそうなリソースは？	○○○	○○○	試してみること
○○○	○○○	○○○	○○○
○○○	○○○	○○○	○○○
○○○	○○○	○○○	○○○
○○○	○○○	○○○	○○○
○○○	○○○	○○○	
○○○	○○○	○○○	
○○○	○○○	○○○	

を上げることができました。

さらに実践的な話をつけ加えておくと、これは『アイデアのつくり方』にも書かれていることですが、アイデアを出すためには**「数をこなす」だけでなく、「孵化、熟成、寝かせる」ための潤沢な時間も重要**になってきます。

したがって、図29のような「紙1枚」をひとしきり書いてみても何も浮かばないという時は、**いったんこの「紙1枚」から離れてしまって構いません。**

ただ、1日1回でいいので、その後に見返すアクションを続けてください。

すると、どこかのタイミングで、「あ、これとこれが組み合わせられるかも」「最初に書いた時には埋められなかったけど、こんなリソースもまだあったな」等々、**時間が経つにつれて「試してみること」に記入できるようなアイデアが浮かんできます**。

離れている間が孵化・熟成時間となって、このようなことが起こったわけです。アイデアの本質は「いかにして潤沢な時間を確保できるか」。どうかこの点を見失わないでください。

あとはもう、「実際に書いて体感してみてください！」としか言いようがありませんが、普段からこういった思考と行動を繰り返していると、何が起きるのか。最終的には、いちいち「紙1枚」に書き出さなくても、常にこういった組み合わせを試行する思考習慣が身についてきます。ひとたび習慣になってしまえば、以降はあまり意識的にならなくても大丈夫です。それでも、様々なアイデアが浮かんでくるようになってきます。

気づけば職場で、「あの人はアイデアマンだから」「〇〇さんに相談してみたら？きっと何か次につながるような話をしてくれるよ」「どうすれば、あなたのようなアイデア体質になれるんですか？」と言われるような存在になれる。

アイデア出しやクリエイティビティを求められるような職場で働いているのであれば、ぜひ今回の「紙1枚」を、最終的には書かなくても大丈夫なレベルになるまで実践してみてください。

曖昧フレーズ

11

もっと集中する

類似フレーズ

「他のことはいいから、今は目の前の仕事に専念して！」

「仕事に日々没頭していきましょう」

「最近ちょっと気が緩んでるんじゃないの？　しっかりしなよ！」

「ボーっとしてないで、もっと真剣に取り組んでください」

「テキパキ動いて、効率的に仕事をしていきましょう」

「理解＝わかる」編

―「集中できている」時の感覚

あなたは普段、どのくらい集中して働けているでしょうか。

逆に、ダラダラとしてしまっている時間はどの程度あるでしょうか。

あなたの周りに集中力を欠いた同僚がいた場合、どうやって彼ら・彼女らのサポートをしていけば良いのでしょうか。


私は社会人向けの学習コミュニティを長年運営していますが、これまでに多くの受講者さんから、**「仕事に集中できない」「すぐ他のことを考えてしまう」「目の前の業務に没頭できる人が羨ましい」**といった相談や質問を受けてきました。

こうしたセリフに、親近感はあるでしょうか。

もし、「なんだかボーっとしていることが多いよね」と、上司から指摘されることが時折あるのであれば。あるいは、考課面談の際、「もっと集中して、効率的に働けるようになっていってください」といった評価を受けたことがあるのであれば。

逆に、上司の立場として、集中力を欠いた仕事ぶりが目立つ部下に、頭を悩ませている読者さんもいるかもしれません。

「どうすれば、目の前の仕事にもっと集中できるようになるのか」。

これが本項のテーマです。

まずはセオリー通り、「反対から考える」アプローチで解像度上げができないか試してみましょう。

集中力を欠いた状態、すなわち**「注意散漫な状態」**について考えてみると、たとえば**「目の前の仕事ではなく、別の仕事のことが気になってしまう状態」「1つのことについて深く考えることができない状態」「ダラダラと時間がかかってしま**

う状態」といった言葉が浮かんでくるのではないでしょうか。

加えて、今回は「英語に置き換える」アプローチも活用してみましょう。

「集中」を英語に置き換えると「コンセントレーション」ですが、この言葉について改めて吟味してみると、**「コン」は「一緒に」、「セントレーション」は「中心に集まる」**といった分解ができます。

したがって、**「集中」とは「集中したい対象と集まって一緒になる、一体になる」**といった理解をしていけばOKということになるのですが、これはいったいどういう意味なのか。

たとえば、私の趣味は読書ですが、物凄く集中して目の前の本に没入できる時もあれば、数ページ読んだだけで他のことばかりが気になり、全く内容が入ってこなくなってしまう時もあります。

いったい何がこの差につながっているのかと考えてみると、集中できている時は、その**本や著者と自分が一緒に、一体になっている**ような感覚があり、自分自身も著者と一緒に、本のメッセージを書いたり、伝えたりしているように読めている。

そんな実感があるのです。

もう少しビジネスライクな言い方に変換すると、著者のアウトプット＝本を読者としてインプットしているはずが、気づけば読者である私自身も、著者のメッセージを一緒にアウトプットしているような感覚で読めている。

これが、読書に集中・没入できている時の私の状態です。

一方、全くといっていいほど集中できない時は、本や著者とのつながりを感じることができません。親近感や一体感がないまま文章を読み進めていかなければならず、しだいにページをめくるのが億劫になってきてしまう……。

まさに、**本や著者と一緒に、一体になれていない＝集中できていない状態**と言えるのではないでしょうか。

小林秀雄に学ぶ「集中」の本質

と、ここまで解像度を上げていく中で1つ、「ある大切にしている本」と接続できるのではないかという認識が生まれてきました。

小林秀雄の『考えるヒント』（文藝春秋）という学生時代から愛読している名著なのですが、この中に次のような言葉が登場します。

なお、この引用文に出てくる「宣長」とは「本居宣長《もとおりのりなが》」のことです。また、「考える＝かんがふ」だと捉えて、一通り読んでみてください。

> 宣長が、この考えるという言葉を、どう弁じたかを言って置く。彼の説によれば、「かんがふ」は、「かむかふ」の音便で、もともと、むかえるという言葉なのである。（中略）それなら、私が物を考える基本的な形では、「私」と「物」とが「あひむかふ」という意になろう。（中略）考えるとは、物に対する単に知的な働きではなく、物と親身に交わる事だ。物を外から

——知るのではなく、物を身に感じて生きる、そういう経験をいう。

読みにくい文章だと感じた人も多いと思いますが、要するに、**「考えるとは、考える対象と親身に交わる＝一緒になる、一体化すること」**であり、「思考」も「集中」も、その本質は**「対象との〝つながり〟をどれだけ感じられるか」**という点に尽きる。このような捉え方をしていきたいのです。

この本質を本項の文脈に重ねていけば、**目の前の業務にどれだけ集中できるかどうかは、その仕事への親近感や一体感、つながりをどれだけ感じられているか**で決まってくるということになります。

もし、眼前の仕事が自分にとってどうでもよい内容だったり、心の底ではやりたくないと感じていたりする場合、集中して没頭することは難しくて当然です。

では、どうすればこうした現状を打破し、「集中」や「没頭」できる状態になれるのか。「理解」編の解像度上げとしては、もう十分すぎるくらいに本質をつかめたので、この辺りで「行動」編へと進んでいきましょう。

「もっと集中する」とは

仕事に「親近感や一体感、愛着、つながり」を見出して没頭すること

「行動＝動ける」編

「繰り返し」から愛着が生まれる

集中力のカギは、仕事との一体感やつながりを高めていくこと。
すなわち、仕事への**親近感や愛着**が重要になります。

どうやって目の前の仕事への愛着を高めていけば良いのか。
これについては、第1部の最初で扱った「当事者意識をもつ」や、第2部のこれも最初で扱った「お客様の立場で考える」で紹介した「紙1枚」がそのまま活用可能です。図版を再掲しておきますので、一見してみて記憶が曖昧になっている人は、それぞれの項を再読してください。

図31　「当事者意識」と「お客様の立場」の「紙1枚」再掲

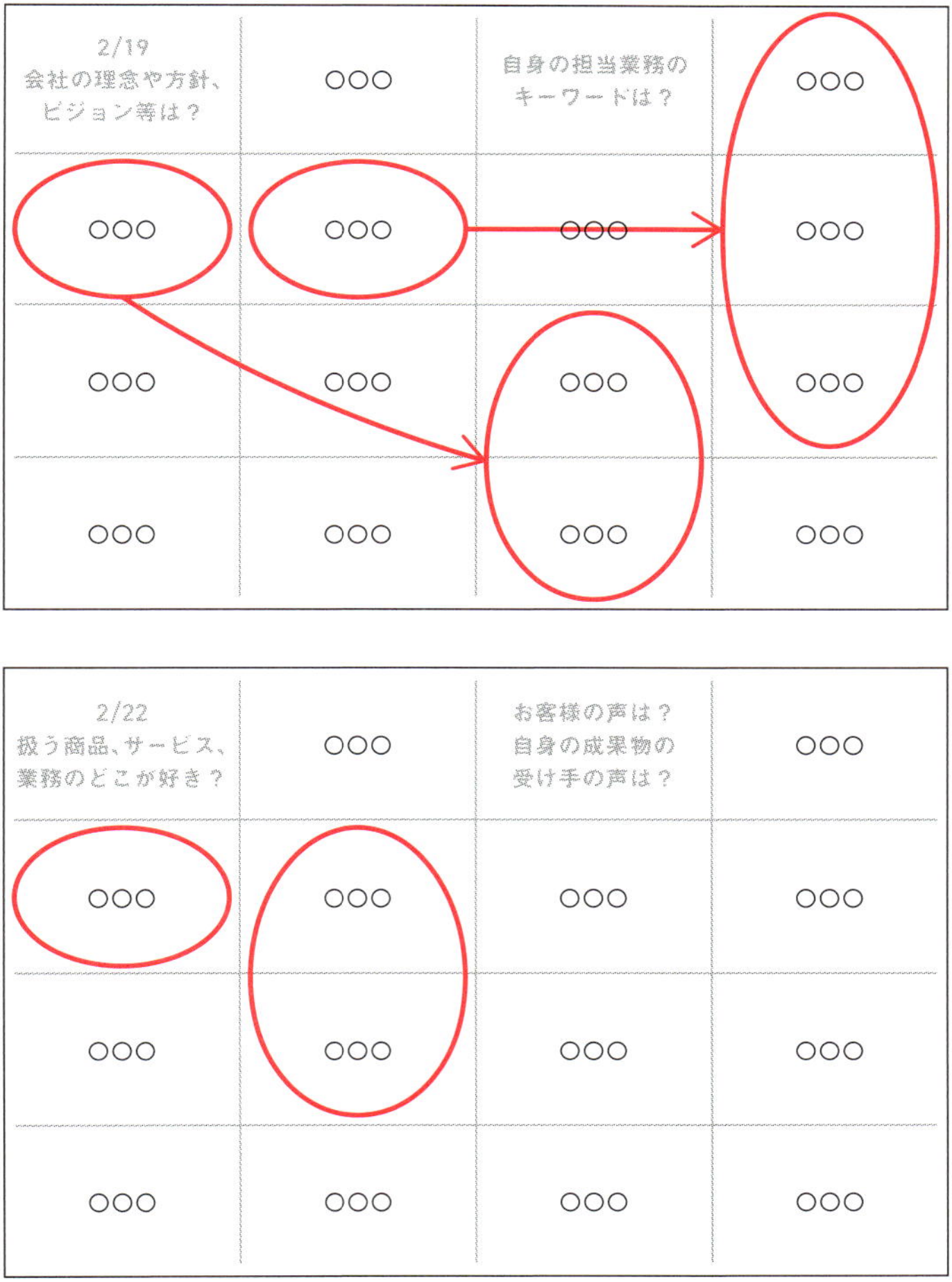

2/19 会社の理念や方針、ビジョン等は？	○○○	自身の担当業務のキーワードは？	○○○
○○○	○○○	○○○	○○○
○○○	○○○	○○○	○○○
○○○	○○○	○○○	○○○

2/22 扱う商品、サービス、業務のどこが好き？	○○○	お客様の声は？ 自身の成果物の受け手の声は？	○○○
○○○	○○○	○○○	○○○
○○○	○○○	○○○	○○○
○○○	○○○	○○○	○○○

さて、行動できるレベルの解像度を達成した「紙1枚」についてはすでに紹介ができているため、本項では一体感や愛着という観点から、すぐに実行できるアクションを3つほど追加しておきます。

3つのキーワードをヒトコトで言えば、**「繰り返し見る、聴く、触れる」**です。

私は以前、心理療法について深く学んでいたことがあるのですが、師の矢野惣一先生から次の本質について学ぶ機会がありました。

「愛する」とは、「見ること、聴くこと、触れること」。

矢野先生も、トヨタの上司と同じく、曖昧な言葉（今回の場合は「愛する」）を日常に活かせるレベルの解像度にまで上げてくれる（「愛する＝見る、聴く、触れる」）達人でした。

ただ、本書はメンタルケアやカウンセリング、コーチングといったジャンルの本ではないため、以降は仕事の文脈に置き換えた解説しかしていません。より詳しく学んでみたくなったという人は、矢野先生が書かれた『**スグ効く！　永く効く！　心理カウンセリング3大秘訣**』等の著作をぜひ読んでみてください。

さて、この本質を仕事に置き換えれば、**目の前の仕事に集中・没頭するためには、それだけの愛着がわくまで、繰り返しその業務について「見たり」「聴いたり」「触れたり」し続ければ良い**ということになります。

たとえば、業務に関する目的が書かれた資料を、繰り返し**「見る」**。

私がトヨタにいた頃は毎年、その年の業務方針がＡ３サイズの「紙１枚」にまとめられて配布されていました。

当然ながら、仕事の目的は「方針の達成」です。そこで、私はその紙を手持ちのクリアファイルに入れ、スキマ時間に**「何度も見返す」**ようにしていました。

「方針への親近感、つながり」を高め、方針の達成とは関係のないムダな仕事を

しないため。方針の達成に直結する仕事にのみ「集中」するためです。

「集中して働く」を行動できるレベルの解像度で捉えるとは、まさにこういうことを意味します。

あなたの職場にも方針やビジョンをまとめた紙があるのであれば、同じようなアクションをぜひ取り入れてみてください。一方、そういった書類が存在しないような会社なのであれば、図31の「紙1枚」を自分で作成し、これを繰り返し「見る」というカタチで実践していきましょう。

――「集中する」ために必要な唯一のこと

「見る、聴く、触れる」の残り2つについても、同じような捉え方をしてください。

たとえば、「見る」と同様、業務に関する目的や概要の説明、あるいは関係者の声を日々、繰り返し「聴く」ことも重要です。

さすがに近年はデジタル活用も一般化してきているため、業務紹介や方針説明が動画として残っているケースも多いと思います。もしこういった映像があるのであれば、親近感を抱けるまで何度も視聴しましょう。当然のこととしてつながりを感じられるようになれば、それが日々の集中力へとつながっていきます。

さらに、業務に関する「現場」がある場合は、その場所を繰り返し訪れて、五感で**「触れる」**ようにする。

これもトヨタ勤務時代の話になってしまいますが、トヨタの働き方には**「現地現物」**というキーワードがあります。文字通り、現場主義、現場ファーストを意味する言葉ですが、本項の文脈では、**繰り返し現場を訪れ、繰り返し現物に触れているからこそ、その業務に集中、没頭、専心できる**のだと捉えてください。

この観点でぜひ向き合ってほしいのが、「リモートワーク」の線引きです。

現場に行く機会が減れば減るほど、やはり親近感やつながりは希薄になり、それだけその現場をベースにした仕事への集中力は下がってしまいます。

業務に専念する姿勢を取り戻したい、もっと高めたいという時は、リモートワー辺倒ではなく、意識的に現場を訪れる回数を増やしていく。

「テレワークが導入されてから、なんだか仕事に集中できなくなったなあ」と感じている人は、こうした観点もぜひ参考にしてみてください。


以上、ここまでの話の最大のポイントは、**「集中できる状態＝一体感を抱けるようになるまでには時間が必要」**という点です。

すなわち、新たな環境や部署に異動し、新たな業務を担当するといったシチュエーションの場合、いきなり集中・没頭しようと思ってもそれは難しいということになります。

あなたが上司の立場なら、この前提で部下にアドバイスをしていかなければなりません。まずは仕事に慣れてもらうこと、業務への理解を深めてもらうこと。そうやって少しずつ馴染ませ、親近感や愛着が生まれてきてこその「集中」です。

異動当初から、いきなり「君は集中力に欠けるね」などといった評価を下すのはNGだということが、これでわかってもらえたと思います。

「もっと集中する」の解像度上げ、いかがだったでしょうか。

もし、あなたが「もっと集中しなよ」というフレーズを言われたり、あるいは言いたくなってしまったりしたことがあるのであれば、今回の解像度上げを参考に、現状のカイゼンをはかっていってください。

曖昧フレーズ

12

成果を出す

類似フレーズ

「もっと結果につながるような働きを！」

「インプットばかりしてないで、もっとアウトプットにこだわって！」

「ただ会社にいるだけではダメです、仕事をしてください」

「作業と付加価値は違うから！」

「期待値を超えるつもりで働いていってね」

「理解＝わかる」編

―「ポイントは定量化」ではない

いよいよ最後のフレーズです。

本書ではこれまで、66個の曖昧フレーズについて、「こうやって解像度を上げればわかる！　動ける！」という実例をシェアしてきました。

最後の締めくくりとして何を取り上げるべきだろうかと熟慮しましたが、最終的に浮かび上がってきたキーワードは、**「成果」**の二文字でした。

あなたの担当業務において、「成果を出す」という言葉は、具体的にいったい何を意味しているでしょうか。「目標数字、ノルマを達成することです」といったカタチでシンプルに答えられるような仕事をしている人は、この項のニーズはあまりないかもしれません。

一方、様々な業界のビジネスパーソンと日々関わる中で、**「私の仕事は、何が成果なのかよくわかりません」**といった話を、これまでにたくさん見聞きしてきました。

にもかかわらず、**「成果につながる働きを！」「しっかりと付加価値を出していってください」「期待通りに働くのは当然、期待値を超えてこそ仕事」**などといったフレーズだけは日常的に飛び交っているため、気づけば仕事の根幹である「成果」という言葉が曖昧なまま働かざるを得ない状況に陥ってしまっている……。

以上、ここまで読んでみて「まさに私の業務、私の会社のことです」となっている人がいるなら、これは本当に由々しき事態、死活問題です。

だからこそ、「成果」という言葉について、最後にじっくり考えてみましょう。

といっても、最終項でもやることは同じです。

これまでの11の項と同様、まずは理解を深めていきましょう。

解像度を上げるべく様々な言葉に置き換えていくと、まず**「目的の明確化」「目的達成の指標を設定し、数値目標化」「数値の達成＝成果」**といったキーワードが浮かんできました。

これはビジネス書の世界で頻繁に登場する、**「KGI（Key Goal Indicator）」**や**「KPI（Key Performance Indicator）」**といったキーワードに対応しています。確かに、「月間受注額○○円」「四半期当たりの目標生産台数○○台」といった具合に数値化できれば、定量的に成果を定義することが可能です。

ただ、それで済むなら、そもそもこの本で扱う必要はありません。

本書がサポートしたいのは、**「明確に数値で定義することができないタイプの仕事をしています」**という読者さんです。この点で悩んでいるビジネスパーソンにこそ、これまでに提唱してきた解像度上げのアプローチを役立てていってほしいと考えています。

もう少し感情的な物言いをすると、**「数値化できなくても大丈夫だから」**と声をかけてあげたい。そう強く感じています。

なぜなら、この項に関連した類書や、ネット上の学習動画等に触れていると、「KPIを設定できないなら、それは仕事ではない」「成果を定義できないなら、そんな業務は外注化してしまった方がいい」等、数値化できない業務を蔑視するかのような、かなり極端なメッセージも散見されるからです。

たとえば、私はサラリーマン時代、新しいマーケティング会社を設立するための契約書締結業務を、法務部の人と連携しながら進めていたことがあります。

この業務に、数値目標を設定することはできません。会社設立日という期日までに、必要な要素を盛り込んだ契約書を締結できれば、それでOKです。

ですが、KPIや数値化をほとんど信仰レベルで過剰に推進している人から見れば、そもそもこの業務は「仕事ではない」という結論になってしまう……。

実際、こういった極端な物言いを見聞きして落ち込んでいる読者さん&受講者さんに、これまで数多くお会いしてきました。SNSの影響か、特にここ数年で一段と増えたように感じていて、だからこそ、私としては数値化が難しい仕事をしている人たちのためにこそ、この項の学びを手渡したいのです。

その前提で、以降も読み進めていってください。

問題を解決できたか、できなかったか

先ほどの契約書の締結業務以外にも、たとえば企業ホームページの管理業務を担当していた時期があります。ウェブサイトの運営ですから、一見すると「訪問者数」「滞在時間」等、数値化して精緻に「成果」を定義できそうです。

実際、私も担当した当初はそう考えていました。

ところが、結論としてはどの指標も有効には機能せず、無理やり成果指標として活用しかけた時もあったのですが、かえって評価が混乱し、何のために業務をやっているのか見失いそうになったこともあります。

では、何を以て「成果」としていたのか。何度も解像度を上げていく過程で、最終的には、次のようなシンプルな言い換えにたどり着くことができました。

成果とは、問題解決。

07「徹底的に考え抜く」でもこの話を紹介していますが、トヨタでは「仕事＝問題解決」と定義しています。必然的に、**成果の定義も「問題を解決できたかどうか」**となるわけです。

もちろん、これを数値目標化できるなら、それに越したことはありません。

一方、定量化に適さない業務であったとしても、見出した課題・目的を最終的に解決・達成できれば、それで立派に仕事をしたことになります。

つまり、**定量化できるかどうかには固執せず、まずはシンプルに「問題を解決できたか、できなかったか」で、成果を捉えていけば良い**のではないでしょうか。

私自身はサラリーマン時代、期初に上司と、自身の担当業務についての課題の洗い出しや明文化を行っていました。

その後は期中と期末の2回、期初に見出した課題について、実際に解決できたかどうかの点検・確認をしていきます。

解決できていれば○、道半ばなら△、進展がなければ×というように評価は定性的なものとなりますが、それでも十分に機能していました。

先ほども少し触れましたが、社会人教育の世界で仕事をしていると、特にここ5年くらいでしょうか、「数値化できる仕事は高等・上等、数値化できない業務は劣等・下等」といった仕事観の人に遭遇する機会が増えてきました。

「KPI」や「エビデンス・ベースド」といった概念が普及したことなどに要因があると推察していますが、どうかあまり極端に、ましてや優劣などという尺度では捉えず、もっとニュートラルに、様々な業務を素直に尊重できる人が増えてほしい。

これ以上、非人間的で殺伐としたビジネス環境が蔓延しないよう、切にそう願っています。

なお、もしここまで書いたような問題意識に共感するところがある、あるいは興味があるという人は、ジェリー・Z・ミュラーによる**『測りすぎ――なぜパフォーマンス評価は失敗するのか？』**（みすず書房）といった本がありますので、参考文献としてこの機会に読んでみてください。

もう一つ、成果という言葉への解像度を上げていけるような話をしておきます。

仕事＝「働く」とは、「傍《はた》を楽《らく》にすること」である。

「傍《はた》」とは、「傍目《はため》には」「傍《はた》から見て」という言葉から理解できる通り、「周囲」「周りの組織や社会」「自分以外の他者」という意味です。

したがって、**「仕事で成果を出す」とは、「お客様や上司、あるいは社会や組織の課題を解決すること」であって、「自身の悩み解消や成長・キャリアアップ」ではありません。**

実際、給料を払ってくれるのも、昇進を認めてくれるのも、売上をもたらしてくれるのも、全て「自分以外の存在」です。

だからこそ、自己完結で仕事をしていては成果なんて出ないし、成果を自己完結で捉えている限り、思い通りのキャリアや人生を歩むこともできません。

以上、ここまで解像度を上げておけば、この後の実践も決して的外れなものにはなっていかないはずです。最後の「行動」編へと、進んでいきましょう。

「成果を出す」とは

「自分以外の他者や組織の悩みや課題・問題」を解決することであり、「目的を達成すること」が主であって、決して、「数値化して測れるか」で優劣が決まるような話ではない

「行動＝動ける」編

――他者のためにできることから

ここまで、「数字を達成する」といった意味合い以外での「成果」という言葉について、以下の３つの観点で解像度を上げてきました。

- ○「成果」とは、「目的を達成」すること
- ○「目的の達成」とは、「問題を解決すること」
- ○「成果につながる問題解決」とは、「自己完結を超えたもの」

このうち、そもそも達成するべき「目的」をどう明確にするかについては、第１部の01「当事者意識をもつ」や、本項の直前の11「もっと集中する」で扱った

図32　「成果を出す」の「紙1枚」

2/28 成果＝傍を楽に	周囲の人	困っていることは？	何ができる？
	○○さん	○○○	○○○
	△△さん	○○○	○○○
	□□さん	○○○	○○○

「紙1枚」が、そのまま使えます。

一方、3つ目の**「脱・自己完結」**で**「働く＝傍を楽に」を実践**する際の一助としては、たとえば図32のような「紙1枚」を書いてみてください。

最後にもう一度だけ明記しておきますが、こういった新しい捉え方や仕事観を当たり前にしていく、自身に馴染ませていくといった目的の時は、「自己完結はNG」とブツブツ言いながら意識するよりも、書いて実践していった方が圧倒的に取り組みやすくなります。

図32にある通り、4×4のシンプルな「紙1枚」で説明していきますが、もっとたくさん書きたいと感じるケースも多々あると思います。その場合は、ヨコ線を4本追加で引いた、フレーム数32の方の枠組みでやってもらっても構いません。

左から順に、まずは**「周囲の人」**と緑ペンで書いた列を埋めていきましょう。文字通り、**普段から職場で一緒に働いている人、上司や部下、取引先の人、お客様の名前**などを青ペンで記入していってください。その後、「この人のために何かしてあげたいな」と特に感じる人を一人選んで、赤ペンで丸をつけます。

続いて、**「困っていることは？」**と書かれた列を埋めていきましょう。ここには、先ほど丸をつけた人が何に困っているか、青ペンで書き出していってほしいのです。

その後、再び赤ペンに切り替えて、**「自分が関わることで、役に立てそうだ」と特に感じる悩み・課題**に、丸をつけてください。

最後は右端の列です。

「何ができる?」の欄に、あなたが貢献できそうなことを書き出していってください。その後、さっそく取り組めそうなことを選んで赤ペンで囲んだら、実際にその相手に働きかけていきましょう。

前述の通り、「記入するフレームが3つずつでは到底足りない」ということであれば、フレーム数を32に増やしてください。

くれぐれも勘違いしないでほしいのは、これは一度だけ書いて、一人だけに働きかければそれでOK、といったタイプの「紙1枚」ではないということです。

こうした日々を毎日のように、当たり前の働き方になるまで淡々と積み重ねていく。そうすれば、しだいに**成果につながる=自分ではなく他者や組織、社会の問題解決を中心とした働き方が当たり前になってくる**はずです。

「数値化」は、あくまでも1つの手段にすぎません。
「成果とは、数値目標の達成である」といった解像度でしか捉えることができなくなってしまっている人ほど、改めて「何のために働くのか？」という点について、この機会にじっくりと向き合ってみる。
その良いきっかけになれば嬉しいです。

何より、前述の通り、「成果を出せとか期待値を超えていけなどと言われても、何が成果なのか、何を期待されているのか正直よくわからない」と感じている人ほど、今回の解像度上げをモヤモヤ解消の契機としてください。

「成果を出す」とは、課題を解決すること、困っている人を助けること。

以上、全12項にわたってお見せしてきた解像度上げのプロセスを自身の業務や組織に置き換え、これから「あなたの傍《はた》」を「楽《らく》に」していってください。

その際に大切にしてほしいことを、ラスト・メッセージとして「おわりに」でお伝えします。

おわりに

「情緒・スキ」あっての「情報・スキル」

自分もそんな職場で働きたかったけど、あの状況ではね……

これは以前、同年代の受講者さんと雑談をしている際、目の前でふと吐露されたセリフです。「そんな職場」とは、序章で触れたトヨタのような=言葉の解像度を上げられるような会話が飛び交っている職場のことを指しています。

そして、これも序章に書いたことですが、この受講者さんや私は就職活動が苦しかった世代であり、当時は売り手側が会社を選べる状況ではありませんでした。とにかく一社でも内定をもらえたら、たとえブラック企業（当時はそんな言葉自体ありませんでしたが）の可能性が高くても、とりあえず入るしかない。そんな時代でした。

にもかかわらず、自分はたまたま縁あって、上司をはじめ様々な諸先輩から一生ものの学びを数多く得ることができてしまった。受講者さんの本音に触れ、こうした境遇を直視できたことで、次のような想いが強烈にわいてきました。

この体験・叡智を、何とかして同年代に、あるいは次世代に共有しなければ……！

本書を最後まで書き進めることができたのは、このような根本動機がモチベーションとして燃え続けていたからです。

とはいえ、上司との会話をそのまま掲載しただけでは、ビジネス書の生命線である「再現性＝読者さん自身が実践できる」を担保することができません。

そこで、「紙1枚」というシンプルな動作をスキルとして補助線にすることで、あるいは「解像度」という近年のビジネス書を彩るキーワードとも絡めることで、すぐにでも役立ててもらえるような本として成立させたつもりです。
ただ、最後なので１つだけ、スキルレベルを超えた話をさせてください。

社会人の学びを支援する教育者として、私にはいくつか座右の書があります。ジョージ・スタイナーによる『師弟のまじわり』（筑摩書房）もその１冊で、ちょうど本書を執筆している時期に文庫化されたこともあり、改めて熟読しながら原稿を書き進めるといった日々を過ごしていました。

『師弟のまじわり』というタイトルの通り、この本は歴代の偉人たちの様々な師弟関係を描きながら、「教え、教えられること」の本質に肉迫した名著であり、私なりに読み取った最大の学び、キーワードは「情緒交流」です。

学ぶ側が、教える側に強烈な好意や憧れを抱いたり、逆に反発・嫌悪したりする。

一方、教える側も、学ぶ側の可能性に惚れ込んだり、嫉妬したり、幻滅したりする。

知識や情報・スキル等の教授・学習だけではなく、教える側と学ぶ側の感情の交錯・悲喜交々《こもごも》があってこそ、教育は成立していく。これが、「情緒交流」の意味です。

『師弟のまじわり』の中で描かれているほど濃密ではなかったにせよ、私にとってトヨタで学びを授けてくれた上司や先輩たちは、紛れもなく「師」といえる存在でした。

だからこそ、今も強烈に憧れ続けている人もいれば、愛憎入り混じった複雑な心情を抱かざるを得ないような人もいます。

いずれにせよ、こうした生々しい人間的な情緒交流を伴う関係性があったからこそ、様々な面で成長することができた。これが確かな実感であり、本書を書き上げることも、トヨタでの濃密な教え・教えられる関係なくしては決して成し得なかったと考えています。

72個のフレーズを通じて、あなたは職場の人たちと言葉の解像度について自由自在に調整していける技術を手にしました。

ですが、実際にこの技術を駆使して上司・部下間でコミュニケーションを行っていく際には、様々な感情が伴ってくるはずです。

上司や部下として、中間管理職であれば両方の立場から、時には感激し、感謝する／されることもあれば、逆に反発し、否定されたり／したくなったりもする。複数の人間が集って働いている以上、**情報だけではなく情緒的な交流もあって当然**です。

もう一度、冒頭のセリフに戻りたいと思います。

「自分もそんな職場で働きたかったたけど、あの状況ではね……」という本音に触れたことで、私の中に「いつか自分の体験を書物にして残さねば」という「想い」が芽生えました。そもそもこのような赤裸々な言葉を吐露してくれたということは、相手がそれだけ「心を開いてくれた」からだとも言えます。つまり、受講者さんとの情緒交流が先だってあったからこそ、この本が生まれたわけです。

あるいは、最後のフレーズとして「成果を出す」を扱った理由は、「定量的な目標を設定しにくいような仕事をしている自分はダメなのか……」と感じている受講者さんや読者さんに、何人も出会ってきたからです。

「決してそんなことはない」と伝えたくて、やはりこうした「想い」がまずあって、この気持ち＝感情を具現化するために「解像度上げの技術」を開発、駆使していく。

受講者さんや読者さんとの長年の情緒交流があるからこそ、私はいくらでも技術＝スキルを生み出せるし、いくらでも本を書き続けることができるのです。

あなたは本書で学んだスキルを使って、これからどう働いていきたいでしょうか。


上司の立場なら、部下に「成長してほしい」という「願い」を。

部下の立場なら、「あの人のように働けるようになりたい」といった「憧れ」を。

私たちは、ＡＩではなく血の通った人間です。

どうかデジタル化できないこうした感情レベルの「想い」を大切にしながら、この本の学びを実践していってください。

最後にそのことを「願って」、本書を終えたいと思います。

あとがき&「実践サポート」のご案内

まずは、**読後の「実践サポート」**についてのガイダンスをさせてください。

本文でも何度か言及してきましたが、**本書の読者さん限定で、書籍に掲載している全ての「紙1枚」のデジタル版（パワーポイント）をプレゼント**しています。自分用に、好きにカスタマイズして活用可能です。動画解説もあります。

「紙上だけでなく、デジタル上でも今回学んだことを実践していきたい」と感じている人は、次ページのURLを入力するか、QRコードを読み取って、特設ページにさっそくアクセスしてみてください。

「読んでお終い」とならないための、良きサポートとなれば嬉しいです。

「実践サポート」のURL：

https://asadasuguru.com/kaizodo

続いて、「あとがき」なので少々私的なことを書かせてください。

１つ目のコラムにも書きましたが、２０２５年は私にとって作家活動10周年の節目の年です。特にここ数年、ここ数冊は各ジャンルの「集大成」本、「教科書・決定版的」本を出すぞという気概で、出版活動に取り組んできました。

「思考力＝考え抜ける」系の集大成として（22年9月）：

『トヨタで学んだ「紙1枚！」で考え抜く技術』（日本実業出版社）

「コミュニケーション力＝伝わる」系の集大成として（23年9月）：

『「伝える前」が9割』（KADOKAWA）

「学習力＝学びを活かせる」系の集大成として（24年2月）**：**
『ひと目でわかる！　見るだけ読書』（ダイヤモンド社）

こうした流れを踏襲すると、今回の本は仕事における**「行動力＝動ける」系の集大成本**といった位置づけになります。なお、ここでいう「行動力」とは、自分自身が「動く」ことはもちろん、自組織や部下にどう「動いてもらうか」といった「自己完結を超えたマネジメントの観点」も含んでいます。

どうインプットし（学習力）**、インプットした知見をベースにどう考え**（思考力）**、それを相手にどうアウトプット＝伝えていくか**（コミュニケーション力）**。あるいは、自ら手足を動かし、もしくは組織を巻き込み、成果につながるアクションをどうやって日々積み重ねていけるか**（行動力）。

実際のビジネス書のジャンルは多岐にわたりますが、それでも右記のように捉えれば、この4冊で主だったテーマは概ねカバーできているはずです。

仕事をしていて何かしら悩みを抱いた時は、本書を含めたこの4冊を紐解いてみてください。どんな課題であっても、必ずお役に立てると自負しています。


最後に、今回の本にまつわる裏話を1つだけ紹介させてください。

版元であるプレジデント社さんから出版オファーをいただいたのは、約3年前。2022年4月頃のことでした。

当時は、複数の出版社さんから相次いでお話をもらっている状況だったため、大変ありがたい話であったにもかかわらず、「他の本が完成するまでしばらく待ってほしい」と返答せざるを得ませんでした。

その後、先ほど紹介した一連の集大成シリーズの執筆をしている間に、なんとオファーをしてくださった担当編集者さんが退社されてしまい、後を引き継いでくださった上司の方も、部署異動になってしまったのです。

通常であれば、この時点で出版の話はなくなって当然でした。

ところが、上司の方が異動する前に、別の担当編集者さんとして柳澤勇人さんを新たに紹介してくださり、その柳澤さんとの対話の中で生まれたのが、本書のコンセプトだったのです。

この本は通算12冊目、文庫本も含めると15冊目となりますが、これほど数奇な運命をたどって生まれた本は、今回が初めてとなります。

事前合理的な出版の流れでは絶対に誕生し得なかった本書が、これからどのようなカタチで世に広まっていくのか。

今から本当に楽しみですし、このような極めて特殊な経緯にもかかわらず、本づくりに真摯に伴走してくださった柳澤さんには大変感謝しています。

また、私のパーソナリティ等もご配慮いただいたうえで、柳澤さんを最適な担当編集者さんとして紹介してくださった岡本秀一さんにも、最大限の感謝をお伝えしたいと思います。

そして、もう退職されているのでお名前は伏せますが、全ては最初にオファーしてくださったSさんのおかげです。足掛け3年近くかかってしまいましたが、また、当初の執筆テーマからは全く変わってしまいもしましたが、ともかく、ようやく出版することができました。御縁をいただき、ありがとうございました。

加えて、感謝を伝えたい人が、あと2人います。

まずは、家族へ。

本書は、私がマレーシアに海外教育移住した後に初めて執筆した本になります。移住1年目で、まだまだ海外生活に不慣れな部分も多々ある中で、それでも最後まで執筆できたのは、家族のサポートあってのことです。

いつも本当にありがとう！

もう一人は、読者であるあなたへ。

この一風変わった「解像度」本、あるいは「行動力」本を最後まで読んでくださって誠にありがとうございました。改めまして、深く感謝申し上げます。

一通り読んでみて、いかがだったでしょうか。

なかなか他のビジネス書では味わえないユニークな読書体験になればと願い、ありとあらゆる工夫を施して書き上げたつもりです。

よろしければ、ぜひ感想をお聞かせください（「実践サポート」のご案内ページから、感想を送ることができるようにしてあります）。

それでは、本書をきっかけに、あなたの仕事上のモヤモヤが、マレーシアの空のように晴れ晴れとクリアになっていくことを、いつも解像度クッキリで、日々すがすがしく働いていけるようになることを、心から願っています。

2025年1月吉日　マレーシア・クアンタンにて

「1枚」ワークス・浅田すぐる

PROFILE

浅田すぐる

Suguru Asada

「1枚」ワークス株式会社代表取締役。作家、社会人学習・キャリア支援家。愛知県名古屋市出身。トヨタ自動車株式会社入社後、海外営業部門に従事。同社の「紙1枚」仕事術を習得・実践。米国勤務、ウェブ業務で日本一獲得などを経験したのち、日本最大のビジネススクールである株式会社グロービスに転職。2012年の独立以降は、社会人向け教育事業を拡大・継続。独自プログラムとして、イチラボ(動画学習コミュニティ)や、「1枚」アカデミア(ビジネススキル修得・キャリア開発スクール)を主宰し、法人研修・講演登壇も多数。累計受講者数は15,000人を超える。2015年に『トヨタで学んだ「紙1枚!」にまとめる技術』(サンマーク出版)を上梓し、作家活動をスタート。海外5カ国翻訳、年間ランキング4位(2015年)、月間では日本一(同年7月)の実績を残す。これまでに10冊以上を上梓し、著者累計57万部超。本書の刊行タイミングである2025年は作家デビュー10周年の節目にあたる。

「わかる」から「動ける」まで
言葉の解像度を上げる

2025年2月17日　第1刷発行
2025年5月27日　第2刷発行

著者　浅田すぐる

発行者　鈴木勝彦
発行所　株式会社プレジデント社
〒102-8641
東京都千代田区平河町2-16-1
平河町森タワー13F
https://www.president.co.jp/
https://presidentstore.jp/
電話　03-3237-3732（編集）
03-3237-3731（販売）

ブックデザイン　須貝美咲（sukai）
本文組版　株式会社キャップス
校閲　株式会社文字工房燦光

販売　高橋 徹　川井田美景
森田 巌　末吉秀樹　庄司俊昭　大井重儀
編集　柳澤勇人
制作　関 結香

印刷・製本　中央精版印刷株式会社

　ISBN 978-4-8334-4070-7